崩壊する新聞

新聞販売黒書 PART 2

新聞狂時代の終わり

黒薮哲哉
Tetsuya Kuroyabu

花伝社

崩壊する新聞——新聞狂時代の終わり◆目　次

1章　隠された特殊指定の真実……5

2章　「押し紙」の立証……45

3章　増え続けるチラシ破棄の犯人は誰か……79

4章　「押し紙」と環境破壊……103

5章　新聞社の経理と優越的地位の濫用……117

1章　隠された特殊指定の真実

新聞社の大キャンペーン

二〇〇六年の四月一九日は、新聞史の一ページに黒い汚点が刻印された日である。この日の夕方、日本新聞協会が本部を置く東京・内幸町のプレスセンターに、永田町から国会議員たちが次々と駆けつけてきた。総勢二五〇人。しかも、自民党から共産党までの議員が一堂に会した。その光景は、はからずも社民党の福島みずほ党首の挨拶が的確に描写している。

「そうそうたる国会議員の勢揃いで本会議場が移動したような気がする」（『新聞通信』二〇〇六年四月二四日）

こんな光景はかつてなかった。料亭など非公式の場で両者が情を交わすことはあっても、日本新聞協会というおおやけの場で共同歩調を誓い合ったのは初めてである。あたかも「赤信号、みんなで渡れば恐くない」というジョークを、新聞関係者たちが演じてみせたかのような印象がある。新聞ジャーナリズムについて考察してきた者であれば、だれもがこの懇談会に困惑し、こんなふうに自問せざるを得なかったに違いない。

「正気なのか。一体、何を考えているのだろうか」

発端は二〇〇五年一一月に公取委が新聞の特殊指定を撤廃する方針を打ち出したことだった。特殊指定とは、独禁法の例外として認められている商取引に関する法規である。

グローバリゼーションを背景として政府による規制緩和策が進むなか、公取委は、二〇〇五年の一一月に五つの業種に関連する特殊指定の廃止を前提とした見直し作業に着手した。具体的には新聞業を含む次の五業種である。

①「食品かん詰または食品びん詰業における特定の不公正な取引方法」
②「海運業における特定の不公正な取引方法」
③「広告においてくじの方法等による経済上の利益の提供を申し出る場合の不公正な取引方法」
④「教科書業における特定の不公正な取引方法」
⑤「新聞業における特定の不公正な取引方法（新聞特殊指定）」

結論から先に言えば、公取委は①から④の特殊指定を予定通りに廃止したが、⑤の新聞特殊指定については、存続を決定した。二〇〇五年一一月に公取委がこれら五種の特殊指定を廃止する方向性を打ち出した時は、新聞特殊指定の撤廃も免れないだろうというのが大方の予想だったが、半年後に発表された最終判断は、「結論を出すことを見合わせる」というものだった。現状維持の立場を取ったのである。つまり新聞特殊指定の存続を決めたのだ。

新聞業界と政界との親密な関係

このような結論に達したのは、新聞業界が政界を巻き込んで展開した新聞特殊指定を守る大キャンペーンの成果だったというのが大方の推測である。新聞紙面を使って「特殊指定が撤廃されると宅配制度が崩壊する」という主張を繰り返したり、シンポジウムを開いて著名な文化人に新聞特殊指定の重要性を発言させたり、あげくの果てには新聞販売店を巻き込んで署名活動などを展開した結果であった。

二〇〇六年の三月の初めには、新聞販売の問題に取り組む自民党議員たちが永田町の自民党本部で会合を開き、日本新聞協会の幹部らがこれに合流した。わたしは会合の主催者に対して、取材を許可してくれるように申し入れたが、

「水をぶっかけるような人を入れるわけにはいかない」

と、素っ気なく断られた。新聞関係者と政治家が舞台裏で歩調を合わせる様子に、わたしは田舎の寄り合いを連想した。談合で物事を決める日本の悪しき慣習を見せつけられたような気がした。

このような動きを公取委の竹島委員長も異様に感じたのか、独占禁止懇話会の場で新聞関係者を指して、「皆、マインドコントロールにかかっている」と発言する一幕もあった。すると新聞業界は、「国民各層の意見を広く聞く懇話会の場で、委員長が自らの考えを強く述べるのは異例」(『新聞協会報』)などと、竹島発言を一斉にバッシングした。

自民党新聞販売懇話会と日販協政治連盟

新聞業界と政界の親密な関係はいつの時期から始まったのだろうか。両者が露骨に握手を交わし、しかもそれがメディアでも露わになったのは、二〇〇六年の上半期、特殊指定の見直しが緊急課題となった時期であるが、水面下ではかなり以前から特別な関係が続いてきた。

もっとも当初はすべての政党ではなくて、自民党だけが新聞業界と特殊な関係を保っていた。そのパイプ役を担ってきたのが、一九八七年に結成された自民党新聞販売懇話会である。これは中川秀直議員らが中心になって立ち上げた組織で、新聞業界から贈られる政治献金の受け皿になってきたと言っても過言ではない。

一九九〇年ごろから新聞業界は、日販協（日本新聞販売協会）を通じて、自民党へ盛んに政治献金を贈っている。

日販協は新聞販売店の同業組合である。組合といっても新聞社とは親密な関係にあり、たとえば多くの新聞社が日販協の会費を代行して集金している。新聞の卸代金と一緒に日販協会費を請求するのだ。この集金方法を採用することで、集金漏れを防いでいるのである。

政治献金について、通産省は、社団法人である日販協が政治献金を贈ることを咎めたらしい。そこで一九九六年に日販協は、日販協政治連盟を設立して合法的に政界活動を行うようになったのである。組織は別になったとはいえ、両者は事務所も共有しており、実質的には同じ団体である。

政治献金の目的について、日販協政治連盟の寺内誠一理事長（当時）は、二〇〇三年に開かれた同連盟の総会で次のように発言している。

「新聞販売業界が荒波を漂っている中で、我々の権益を守るためにも国会議員との協力・強調関係を持ちながら業界を支えていただくことは避けて通れない。今後起きるであろうさまざまな問題に対応するとき、政治資金規正法に則った適正な政治献金は日本の民主主義を守る保険料であると考える」

総務省に届け出る政治資金収支報告書によると、日販協政治連盟が最も熱心に政治献金を贈っている議員は、中川秀直氏で、二〇〇三年から五年までの三年間で三五〇万円の献金を行っている。中川氏を除いた他の議員への献金額は一人につき五万円程度でそれほど多くはないが、たとえば二〇〇五年度の場合、陣中見舞いという形で約一三〇人もの議員に献金している。いわば「小遣い」感覚で献金したようだ。しかし、金の力で政策に影響を及ぼす政治献金であることには変わりがない。

日販協が一九九三年に東京・一ツ橋の如水会館で開いた第四〇回通常総会で配布した資料（資料①）によると、当時、自民党新聞販売懇話会のメンバーは五六名だった。この中には後に政界の頂点に上り詰める政治家が、続々と名を連ねている。たとえば総理になった議員だけを見ても、小渕恵三、森喜朗、羽田孜、小泉純一郎の四氏がいる。その他、小沢一郎、塩川正十郎、水野清、森山真弓、与謝野馨、越智通雄、深谷隆司、河野洋平、谷垣禎一、石原慎太郎などの議員が初期のメンバーとして名を連ねている。

資料①

自由民主党新聞販売懇話会

（平成3年7月現在）　　（敬称略）

（会長）	
水野清	千葉２区
（幹事長）	
浜田卓二郎	埼玉１区
（幹事）	
山本富雄	群馬　参
宮下創平	長野３区
塩川正十郎	大阪４区
小沢一郎	岩手２区
愛知和男	宮城１区
佐藤敬夫	秋田１区
渡部恒三	福島２区
丹羽雄哉	茨城３区
渡辺美智雄	栃木１区
藤尾正行	栃木２区
森山真弓	栃木　参
小渕恵三	群馬３区
福田宏一	群馬　参
小宮山重四郎	埼玉２区
青木正久	埼玉４区
臼井日出男	千葉１区
浜田幸一	千葉３区
森　英介	千葉３区
倉田寛之	千葉　参
井上　裕	千葉　参
与謝野　馨	東京１区
大塚雄司	東京１区
石原慎太郎	東京２区
越智通雄	東京３区
粕谷　茂	東京４区
柿澤弘治	東京６区
小澤　潔	東京７区
深谷隆司	東京８区
浜野　剛	東京９区
鯨岡兵輔	東京１０区
島村宜伸	東京１０区
伊藤公介	東京１１区
鈴木恒夫	神奈川１区
小泉純一郎	神奈川２区
河野洋平	神奈川５区
村山達雄	新潟３区
森　喜朗	石川１区
田辺国男	山梨全県区
羽田　孜	長野２区
大石千八	静岡１区
山下元利	滋賀県全県区
谷垣禎一	京都２区
中山正暉	大阪２区
原田　憲	大阪３区
渡海紀三朗	兵庫３区
石井一二	兵庫　参
加藤六月	岡山２区
加藤武徳	岡山　参
岸田文武	広島１区
林　義郎	山口１区
西岡武夫	長崎１区
野田　毅	熊本１区
持永和見	宮崎２区
鎌田要人	鹿児島　参

以上56名

（日本新聞販売協会　第四〇回　通常総会資料　1993年7月26日）

その後、一九九〇年代に本格化した再販制度を守る運動の中で日販協が政界工作を強めたこともあって、二〇〇〇年一〇月の時点では、メンバーの人数が一五五人に達している。その後、メンバーの人数などは公表されていない。

新聞業界から金銭的な恩恵を受けている自民党が、新聞特殊指定の見直し問題が浮上して行動を起こさないはずがなかった。事実、新聞販売懇話会の会合で、自民党議員らが新聞人たちによる新聞特殊指定を守る運動に理解を示した。それに対して感謝の意を示すかのように新聞人たちがプレスセンターに議員らを招いて、懇談会を開催したのである。

ちなみに新聞関係者は、当初は自民党議員を中心に政界工作を行っていたが、公取委が特殊指定についての結論を出す時期が近づくにつれて、全政党を巻き込んでいった。政党の側も例外なく、新聞業界の訴えに理解を示した。

その背景にどのような事情があるのだろうか。政治献金を受けている自民党の議員は、新聞業界を救済することを当たり前と受け止めるであろうが、それ以外の議員までもが新聞業界の主張に理解を示したのは、大メディアと敵対関係になる事態は避けたいという思惑があったのではないか。

なにしろ日本の新聞社は全国で優に五〇〇〇万部を超える部数を持っている上に、テレビ局を所有している社もあるので、バッシングの対象にされたならば、その影響は計り知れないものがある。どうしても大メディアの前では弱腰になってしまうのだ。

しかし元来、メディアは自主的に公権力と一線を画すのが常識である。新聞倫理綱領でも、新聞は「あらゆる勢力からの干渉を排するとともに、利用されないように自戒しなければならない」と述べている。

ところが特殊指定を守るキャンペーンの中で、これまで少なくとも建前とされてきた言論人としての倫理感すらもドブに葬り去られたのである。

新聞の特殊指定の内容

国会議員たちが新聞業界の言い分に同調するようになると、新聞特殊指定の撤廃を狙っていた公取委の旗色が悪くなった。そして二〇〇六年の五月三一日、公取委は新聞特殊指定の撤廃を断念したのである。しかし、竹島委員長の心中は穏やかではなかったのか、後日、みずからの心境を『ＦＡＣＴＯ　ＬＩＮＥ』(二〇〇六年七月号) 誌上で次のように述べた。

「新聞が特殊指定維持のキャンペーンを張ったのは、言葉はきついけれど非常に醜いことだと思います。社会の公器なら原理原則をわきまえてものを言い、やってもらわなきゃ困る」

日本の新聞業界は特殊指定によってどのような恩恵を得ているのだろうか。順を追って特殊指定の中身とそれが新聞社にもたらす権益を検証してみよう。

新聞特殊指定は次の三つの条文から構成されている。

①日刊新聞（以下「新聞」という。）の発行を業とする者（以下「発行業者」という。）が、直接であると間接であるとを問わず、地域又は相手方により、異なる定価を付し、又は定価を割り引いて新聞を販売すること。ただし、学校教育教材用であること、大量一括購読者向けであることその他正当かつ合理的な理由をもってするこれらの行為については、この限りでない。

②新聞を戸別配達の方法により販売することを業とする者（以下「販売業者」という。）が、直接であると間接であるとを問わず、地域又は相手方により、定価を割り引いて新聞を販売すること。

③発行業者が、販売業者に対し、正当かつ合理的な理由がないのに、次の各号のいずれかに該当する行為をすることにより、販売業者に不利益を与えること。

一　販売業者が注文した部数を超えて新聞を供給すること（販売業者からの減紙の申出に応じない方法による場合を含む。）

二　販売業者に自己の指示する部数を注文させ、当該部数の新聞を供給すること。

①は卸価格の差別対価の禁止を、②は小売り価格の差別対価の禁止を定めたものである。いわゆる再販制度による商取引を義務づけている。

それゆえにたとえば朝日新聞の一ヶ月の購読料は、東京でも福岡でも三九二五円である。地域により、あるいは読者により購読料に差を付けることは、特殊指定の下では禁止されている。

一見すると再販制度は、極めてあたりまえの制度のように思われるかも知れないが、実は独禁法の一般規定に照らし合わせると、違法行為に該当するのである。実際、独禁法第一九条一二項は、不公正な取引方法として次のように再販制度を位置づけている。

一　相手方に対しその販売する該当商品の販売価格を定めてこれを維持させること、その他相手方の当該商品の販売価格の自由な決定を拘束すること。
二　相手方の販売する当該商品を購入する事業者の当該商品の販売価格を定めて、相手方をして当該事業者にこれを維持させること、その他相手方をして当該事業者の当該商品の販売価格の自由な決定を拘束させること。

商品の製造元が商品価格を指定することは独禁法違反

混沌として難解な文脈で達意という文章本来の機能を著しく欠いているが、端的にいえば、商品の製造元が取引先の卸問屋や小売店に対して、商品価格を指定してはいけないと言っているのである。これが普通の商取引の一般ルールである。

しかし、新聞業界に関しては、特殊指定があるので、一般ルールは適用除外になる。その結果、新聞社は、例外的に取引先の新聞販売店に価格を指定する特権が与えられているのだ。

これに対して一般の企業が取引先に対して供給する商品の価格を指定すれば、独禁法違反として取り締まりの対象になる。実際に公取委が摘発した具体例を紹介しよう。

二〇〇四年五月二一日、公取委は大分県日田市に本社があるグリーングループ株式会社に対して、独禁法違反の勧告を行った。グリーングループは「日田天領水」という商標のミネラルウォーターを製造販売している会社である。公取委の調査によると、同社はみずから「日田天領水」の希望小売価格を決めて、取引先の卸売り業者や小売店に対して、指定した価格で販売するように指導していたという。これが独禁法の第一九条に違反するとされたのである。

グリーングループの具体的な違反事実はいくつかあるが、たとえば二〇〇三年七月に、兵庫県に本店を置くある量販店が、「日田天領水の二リットル入りペットボトルを希望小売価格を下回る価格で販売」していたところ、グリーングループは自らが指定した小売価格に改めるように指導した。公取委はこの行為が公正な競争を妨げるとして、独禁法違反と認定したのである。

なぜ、小売り価格の拘束が公正な競争を妨げるのだろうか。それは小売り業者が自由競争により、販路を広げる機会を失うからである。一方、グリーングループはなぜ小売り業者に再販価格を指定したのだろうか。それは小売店によって販売価格の格差があると、消費者がより安い店に集まり、客足が遠のいた小売店が「日田天領水」を扱わなくなるリスクが生じるからだ。

このような状態は、長いスタンスで見れば出荷量を不安定にするので、製造元としては出来れば避けたい。

そこでグリーングループは、再販価格を指定することで、小売店相互が競争できないようにし、市場における自社製品の安定した供給を狙ったのである。

つまり再販価格の指定が認められると、同一の商品については全国一律に価格が保たれるので、小売業者は自由競争がほとんどできない。その結果、商品の流通が安定する。これは製造元にとっては好都合な状況にほかならない。

このような事情でメーカーは、再販価格を拘束する権限を望むが、独禁法の観点からみれば、それは公平で自由な競争を妨げるので禁止されている。

なぜ例外が認められているか

ところが再販価格の拘束は、独禁法の二三条により、新聞社を含む出版業者など特定の業種に限り例外的に認められているのだ。

なぜ、出版業などに限って例外が認められているのかと言えば、表向きの理由としては、出版業は文化的な側面が強く、自由競争にふさわしくないからである。さらに国民の知る権利という観点からして、情報を入手するための価格に違いがあるのは不平等だという考え方による。

しかし、ここからが肝心なのだが、二三条だけでは新聞などの出版物が自由競争から隔離された商品とはなり得ない。と、いうのもこの規定は出版業者の選択肢であって、義務ではないからだ。二三条を適用するかどうかは、それぞれの出版企業が決める。それゆえに業界全体の秩序を保つという観点からすれば、あまり意味をなさない。

確かに二三条を理由に、取引先との間で再販価格を拘束すれば、同じ系列の新聞社の販売店相互で価格競争を展開する事態は無くなる。どの販売店で新聞を購読しても価格が同じになるからだ。

しかし、たった一社だけが再販価格を拘束して全国一律の価格にしていると、他社と市場競争になった時に、非常に不利な事業展開になってしまう。ライバルの新聞社が、ある特定の地域をターゲットにして、新聞の安売りを始めたならば、太刀打ちできなくなるからだ。

新聞の特殊指定は何のために

結局、すべての新聞社が等しく安定経営を保つためには、どうしてもすべての新聞社が例外なく再販制度を採用する状況を作らなければならない。そうすれば特定の販売地域だけをターゲットにした安売り競争はできなくなる。

このような状況を作る道具が新聞特殊指定なのである。これにより新聞社相互の自由競争に制限が課せられ、販売店の経営は安定する。同時に販売店が別のテリトリーへ販路を広げる機会も奪われる。再販価格に拘束されない普通の商品では、資金力や事業展開によっては、小売店とメーカーの力関係が逆転することもありうるが、特殊指定で守られている新聞業界ではこうした事は絶対に起こりえない。

もっとも、暴力団など圧力団体の介入によって、大きな勢力を持った販売店が出現することはあり得るが、普通の販売店が台頭してくるようなことはない。新聞が安定した産業と言われてきた根拠はこのあたりにある。

二〇〇六年の上半期に新聞業界、特に発行本社の関係者が展開した特殊指定堅持の大キャンペーンの背景には、このような事情があるのだ。公にはなっていないが、新聞特殊指定が外れると、販売店の新聞社に対する従属関係が崩壊しかねないという危機感が新聞関係者の間にあったのは疑いない。

テリトリー制

なお、再販制度と並んで言及しておかなければならない別の重要事項がある。それはテリトリー制の問題である。テリトリー制とは、営業活動の範囲を限定することである。新聞販売のケースに則していえば、たとえば販売店Aは〇〇町で新聞配達を含む営業活動を展開する。そして販売店Bは△△町をその守備範囲とするかたちである。当然、販売店Aは△△町に侵入して営業することが禁止される。

このような条件の下では、営業範囲が指定されているために同じ新聞を扱う販売店相互の市場競争は成立しようがない。そのために本来であれば独禁法の「不公正な取引方法」が定める拘束条件付取引に該当する。つまり違法行為である。ところがテリトリー制は再販制度を維持するための正当な行為として独禁法の適用除外になっているのだ。

専売店制度

しかし、日本型の新聞社経営を支えているのは新聞特殊指定や、それに関連するテリトリー制などの法規だけではない。実はこれらと平行したもうひとつの重要な制度があるのだ。それは日本の新聞業界の著しい特徴である専売店制度である。

専売店制度は、新聞特殊指定と並んで日本の新聞社が販売店をコントロールするための重要な制度なので、どうしても触れる必要がある。しかも、新聞特殊指定が撤廃されたならば自由競争が促進されて、専売店制度に危機が訪れる関係になっている。（ただし7章で説明するように、販売店が巨大な販売会社に組み込まれてしまえば、この限りではないが。）それゆえに専売店制度の本質を正しく理解しなければ、新聞業界が特殊指定の維持に固執する本当の理由が明確にならない。順を追って説明しよう。

新聞販売店には二つのタイプがある。合売店と専売店である。専売店というのは、新聞社の傘下にある販売店である。全国紙でいえば、朝日新聞社のＡＳＡや読売新聞社のＹＣがそれに当たる。

専売店は基本的に親会社である新聞社が発行する出版物のみを扱う。しかも単に新聞を配達するだけではなくて、拡販業務も行う。専売店と新聞社の間で交わされる商契約では、これらの業務内容がかなり明確に規定されている。この商契約で特徴的なのは、新聞社が販売店の経営に著しく干渉できる条文になっていることである。

たとえば読売新聞の場合、まず第一条で販売店が取り扱う出版物の種類と営業地域を次のように限定する。

第一条　甲は甲の発行する新聞（甲の発行する新聞以外の刊行物を含む）を末尾記載の販売地域に於いて乙が販売する事を契約する。但し右の販売地区内と雖も読者の需めに依って甲から郵送する分はこの限りではない。

販売する出版物を「甲の発行する新聞」に限定していることでも明らかなように、第一条はこの商契約が専売店契約であることを確認しているのだ。当然、販売店は、「甲の発行する新聞」以外は「甲」の承諾なしには取り扱えない。

さらに専売店相互が競争できないように、先に言及したテリトリー制が謳われている。具体的には、「末尾記載の販売地域に於いて」という記述である。

次に第二条は、新聞社が指定した価格で新聞を販売する旨を明記している。あるいは値引きの禁止。新聞が特殊指定の対象になっていなければ、販売店が自由に価格を決定できるが、特殊指定の下では新聞社が決めた定価で販売することが、商契約の上でも念押しされているのだ。

第二条　乙は購読者に対し定価を以つて販売し、且つ迅速正確に戸別配達をする。

第二条により新聞の価格が一定に保たれ、これだけでも同じ系統の販売店相互の自由競争が出来ない状況になっているのに、第一条により営業のテリトリーまでを限定することで、自由競争に対して二重の足枷をはめているのだ。

さらに第六条で新聞社が、販売店の帳簿類を閲覧する権利など、販売店の経営実態を監視できる体制を整えている。

第六条　乙は購読者名簿其他必要な諸帳簿を作成、店舗に常備し、甲が閲覧を求めたときは提示する責を有する。

これら三つの条項を読み解くだけでも、専売店制度の性質が理解できるだろう。それは独立した企業体というよりも、新聞社販売局の下部組織に近い。

読売新聞とは別の新聞社も、基本的には同じような契約内容になっている。

合売店

これに対して合売店というのは新聞社から独立した組織で、依頼があればあらゆる系統の新聞を配達する。営業活動も一社に限定しない。

日本の新聞宅配はもともとは合売店が中心になって行なっていた。ところが合売店では、特定の新聞だけに限定した拡販活動ができない。これは部数至上主義を掲げる日本の新聞社に取っては非常に不都合なことだった。そこで一九五二年ごろから、各社とも専売店を組織していったのである。そして今日では販売店の大半がどこかの新聞社の専売店になっている。

今なお合売店が残っているのは、ごくまれな例外を除いて、基本的には僻地だけだ。と、いうのも僻地では人口が少なく、新聞社がそれぞれ別個に専売店を設けても採算が取れないので、合売店しか設立の基盤がないからだ。

たとえば人口が五〇〇人しかない地域に、朝日新聞、読売新聞、毎日新聞、産経新聞、日経新聞がそれぞれ自社の専売店を設けて合理的な経営が出来るだろうか。このような地域では、ひとつの合売店が全紙を配達することが多い。

なお、新聞宅配の仕組みは複雑な部分が多分にあり、たとえば朝日新聞社の専売店が産経新聞や日経新聞を配達しているケースもある。このようにひとつの販売店が他系統の新聞も配達するわけだから合売店のようにも思えるが、実際は朝日新聞の専売店が産経新聞と日経新聞から依頼されて、配達を代行しているに過ぎない。当然、産経新聞と日経新聞の拡販活動は二の次になる。

それゆえに新聞社は出来れば、すべての販売店を専売化して自社の傘下に組み入れたいと考えている。それにより自由に新聞拡販の鞭を打ち下すことができるからだ。

読売新聞が公称であれ一〇〇〇万部に達したのも、YCという専売店が存在するからである。読売新聞を増やすことだけを目的とした大がかりな拡販活動を展開してきた結果にほかならない。店主が新聞社から独立している合売店の下ではあり得ないことである。公称八〇〇万部の朝日新聞についてもまったく同じことが言える。ASAがあったから大新聞社に成り得たのだ。

このように日本の新聞社は、専売店制度による徹底した拡販戦略によって、世界に類をみないほど巨大化したのである。しかも、新聞特殊指定やテリトリー制によって、販売店相互の自由競争が制限されたので、有力な販売店の出現を防止した。その結果、新聞社が巨大化するに連れて、販売店が新聞社の下部組織のようになっていったのである。

特殊指定が撤廃されたらどうなるか

それでは特殊指定が撤廃されたなら、どのようなかたちで自由競争が展開され、それがどのような結果を生むのだろうか。

景品を使った拡販競争はすでに存在するが、特殊指定がなくなれば、これに加えて激しい値引き合戦が展開される。価格の設定が自由になるからだ。しかも、特殊指定とセットになっていたテリトリー制もなくなる。

その結果、自由競争がエスカレートして販売店の淘汰が進む。当然、敗者となった販売店は経営が破綻して、新聞を配達できなくなる。この場合に新聞社が取る選択肢は二つしかない。ひとつは販売店の再建である。しかし、再建して経営が軌道に乗るとは限らない。

もうひとつの選択肢は経営が破綻した販売店に隣接する自社の専売店から、新聞を配達する方法である。しかし、資金面や地理的な条件などで、それが不可能な場合もあり、その時は他系統の新聞社の専売店へ配達を依頼せざるを得なくなる。

ただ、このような現象は、新聞特殊指定が撤廃されて初めて起こるのではない。現在でもすでに起こっている。先に述べたように、ＡＳＡが産経新聞を配達するようなケースである。特殊指定により競争に制限があるとはいえ、新聞社によって拡販経費に格差があるので、特殊指定があっても異なった新聞社相互の間では敗者と勝者が生まれるのだ。

新聞特殊指定が撤廃されたなら、このような傾向に拍車がかかるのはいうまでもない。競争に勝った販売店は、倒産した販売店の新聞部数を自分のものにして事業規模を拡大していく。こうして販売店の統合が進んでいくと、専売店でありながら、実質的には複数の新聞社の新聞を扱う状況が一層顕著になってくる。事業規模が大きくなれば、当然、親会社である新聞社に対する発言権も強まる。逆に新聞社の方から販売店に頭を下げて配達を依頼せざるを得ない状況が生まれるかも知れない。

新聞社の権限で、このような販売店との商取引を打ち切ることは出来るが、販売店の規模が大きくなっていれば、それによって販売店が倒産することはない。逆に取り引きを中止した新聞社は、新聞を配達してくれる業者を他に捜さなければならなくなる。

その時、新聞配達業への宅配会社などの新規参入を招いてしまう恐れもある。しかも、不都合なことに宅配会社は、新聞社の専売店ではないので、拡販活動までは担当してくれない。単に新聞を戸別配達するだけだ。当然、「押し紙」もできない。

専売店制度の崩壊

つまりこれら一連のプロセスをまとめると、新聞特殊指定の撤廃で販売店と新聞社の力関係が根本的に変わり、有力な販売店が台頭してくる可能性が濃厚になる。それが専売店制度の崩壊を招く。一旦、経済力を持った販売店は、もはや新聞社の下請けではない。

そこで次に有力になった販売店が打ち出してくる戦略は、専売店から合売店に移行することである。新聞社の傘下ではなくて、独立した新聞配達業社に移行することである。依頼さえあれば、どのような出版物でも配達する。あえて言えば、宅配会社が新聞を配達しているイメージである。

当然、営業活動を展開するにしても、特定の新聞社のためだけの拡販はしない。と、いうのも合売店にとっては、読者がどの新聞を購読しようが、購読料が大きく違わない限り、それほど収益に差がないからだ。

総括すれば新聞特殊指定とテリトリー制が自由競争を制限して、専売店制度を守るための役割を果たしてきたと言っても過言ではない。それゆえに新聞特殊指定とテリトリー制が外れると、専売店制度も危機に立たされる。言葉を換えれば、専売店制度を維持するためには、どうしても特殊指定とテリトリー制により、有力な販売店の台頭を押さえる必要があるのだ。

実際、日本で専売店制度が始まったのが一九五〇年代の初頭である。たとえば朝日新聞社、読売新聞社、毎日新聞社の全国紙三社は一九五二年の一二月一日から専売店制度を強いた。それに連動するように一九五三年に著作物に対して再販制度が導入される。さらに一九五五年には新聞特殊指定も始まった。

特殊指定が導入された表向きの理由は、専売制によって始まった新聞の乱売に歯止めをかけるためだが、結果としてそれはむしろ専売店制度を守る役割を果たしてきたのだ。新聞史の記述にはないが、公取委が特殊指定を導入した本当の理由は、自由競争をなくして専売店制度を防衛するためだったのかも知れない。言論が寡占化される方が、メディア・コントロールが容易になるからだ。ここからは、単なるわたしの想像になるが、公取委による特殊指定の導入は戦後、新聞社を解体しなかった占領軍のメディア政策の延長線上にあるのかも知れない。

かりに特殊指定を導入していなければ、せっかく新聞各社が導入した専売店制度が自由競争で崩壊し、巨大な合売店か新聞社から独立した販売会社が出現していたに違いない。と、なれば新聞社と販売店（会社）の力関係も、現在とはまったく異なったものになっていただろう。

新聞社の新規参入は極めて困難

さらに専売店制度が根を下ろしたために、新聞社の新規参入が極めて難しくなったことも付け加えておかなければならない。かりに合売店制度が主流であれば、専売店を設置しなくても新聞社の立ち上げは可能だ。販売を合売店に委託できるからだ。つまり少ない資本でも、新規参入できる。

ところが現在の日本のように専売店が主流になり、合売店がマイナーになっている状況のもとでは、新しい新聞社を立ち上げるためには、編集体制だけではなくて、販売網まで確立しなければならない。他社の専売店に配達を依頼することもできるが、ライバル関係になってくると、配達してくれるとは限らない。つまり日本の新聞業界は、新聞特殊指定とテリトリー制によって、専売店制度を定着させることで、新規参入を防止してきたのだ。これらの制度は日本の新聞社を護送船団方式で守るための道具と言っても過言ではない。

メディア統制を目論む公権力の観点からすれば、新規参入を妨げる現在の専売店制度が好都合なことは言うまでもない。たとえば市民団体が共同で新しい新聞を立ち上げ、政府に批判的な紙面を制作して、宅配できるようになればメディア統制どころではない。

事実、自民党は現在の新聞販売制度の熱心なサポーターである。しかし、規制緩和を推進している政党であるから、特殊指定を守ることは政策上、矛盾する。そこで国策として特殊指定を外し新聞業界における規制緩和を進めるためには、新たなメディア監視体制を作らなければならない。政府が個人情報保護法をはじめ、メディアを規制するための法案を次々と成立させてきた背景にはこのような事情もあるのではないだろうか。経済においては、規制を緩和するが、それに連動して反政府の立場に立った新しい新聞社が生まれる事態だけは避けたいというのが本音ではないか。

ただ、インターネットが台頭してきた時代に、新しい新聞社が誕生するかどうかはかなり疑問の余地がある。しかし、少なくとも原理としては、規制緩和によって、新規参入のハードルが低くなることだけは疑いない。

押し紙

新聞特殊指定の①と②が世界で類を見ない発行部数を誇る新聞社を築き上げた専売店制度の基盤になってきたとすれば、③はどのような性質を有しているのだろうか。再度、③の規定を引用してみよう。

③発行業者が、販売業者に対し、正当かつ合理的な理由がないのに、次の各号のいずれかに該当する行為をすることにより、販売業者に不利益を与えること。

写真②　押し紙

一　販売業者が注文した部数を超えて新聞を供給すること（販売業者からの減紙の申出に応じない方法による場合を含む）。
二　販売業者に自己の指示する部数を注文させ、当該部数の新聞を供給すること。

注文部数を超えて、新聞を供給するのが異常なことは疑いの余地がないので、わざわざ規定する意味がないようにも思えるが、実は新聞の商取引では、この異常事態が当たり前になっている。新聞業界では、注文部数を超えて搬入され、しかも卸代金を徴収される新聞を「押し紙」（写真②）と呼ぶ。たとえば、一〇〇〇部しか配達していないのに、一五〇〇部を販売店へ送りつけた場合、差異の五〇〇部が「押し紙」である。この「押し紙」を禁止しているのが、新聞特殊指定の③である。

新聞社にとっては明らかに目障りな規定で、③項に関しては撤廃してほしいというのが本音のようにも思えるが、この③項に関して新聞社はまったく痛痒を感じていない。と、言うのも、ほんのちょっとしたトリックで、③項は簡単にクリアーできるからだ。具体的には新聞の発注伝票を不在にすることである。発注伝票を不在にしておけば、新聞の注文部数を示す公式の記録が残らないので、たとえ販売店に新聞が多量に余っても、それが強制的に押し付けた新聞であるということが、法的に立証ができなくなる。

実際、わたしが取材した範囲では、発注伝票を商取引のツールとして採用している新聞社は一社もなかった。全社で不在になっていた。新聞の実配部数を業務報告書に記入させる新聞社があっても、新聞の発注部数を証明する書類だけは不在にしている。

と、なればどのような方法で新聞社と販売店は新聞の送り部数を決めているのだろうか。それは電話である。しかも、販売店の側が希望する搬入部数を伝えるのではなくて、逆に新聞社の方が送り部数を指定してくる。もちろん口頭でのやりとりであるから、これら一連のやりとりが記録として残るわけではない。表向きはあくまで、販売店が自分で送り部数を決めたことになる。したがって③項には抵触しない。

「押し紙」は新聞社にどのくらいの利益を生みだしているか

日本全国の新聞販売店が抱えている「押し紙」は、わたしの推測で、搬入される新聞の二割から五割ぐらいになるのではないかと思う。「押し紙」がどの程度あり、「押し紙」の立証方法がどのように進化してきたかについては、内部資料などに基づいて2章で論じることにして、ここでは「押し紙」が新聞社にもたらす収益がどの程度なのかを単純に予測してみよう。

「押し紙」部数を全国の朝刊発行部数の二割、約一〇〇〇万部とする。そして新聞の卸代金を一部につき単純に六〇円とする。この場合、「押し紙」から得る収益は一日で六億円である。「押し紙」を介して、たった一日で六億円の金が動くのだ。

新聞社が「押し紙」政策を敷く理由は二つある。ひとつは販売収入を増やすことである。全国規模でみれば、「押し紙」を媒体として一日に六億円（「押し紙」が一〇〇〇万部として計算）の金が動くのだから大きな収入源になる。

「押し紙」政策のもうひとつの目的は、ABC部数を嵩上げして、紙面広告の媒体価値を高めることである。紙面広告の媒体価値は、基本的にはABC部数が増えるにしたがって高くなり、広告営業に有利な条件を生み出す。

販売店は「押し紙」で被る損害を、「押し紙」部数に相当する枚数の折込チラシを水増することで相殺する。相殺しきれないときは、販売店の不満を抑えるために、新聞社が補助金を支給する。ただ補助金については、最近、新たな問題が指摘されている。具体的には、補助金の財源が販売店から巧みに徴収されている疑惑である。これについては5章で言及する。

これが日本の新聞社の知られざる経営構造のカラクリである。あるいは「押し紙」政策と言われるものである。

「押し紙」は専売店制度なくしては成り立たない

さて、「押し紙」政策を実施するためには、ある特別な条件が必要になる。それは新聞の供給先が自社の専売店であることだ。たとえば産経新聞は「押し紙」が多いことで有名だが、それは自社の専売店についていえることであって、ＡＳＡなど他社の専売店に配達を依頼した場合、その販売店に産経新聞の「押し紙」は存在しない。他社の専売店に対して「押し紙」政策を取れば、新聞の配達そのものを断られるからだ。

合売店に新聞配達を依頼した場合も、やはり「押し紙」は出来ない。配達を断られる可能性があるからだ。

ただ、合売店や他社の専売店に対して、過剰な部数の新聞を送りつけてＡＢＣ部数を嵩上げし、それによって販売店が被る損失を補助金で補填する裏工作は存在する。しかし、厳密にいえば、これは広告戦略を前提とした合意の上での不正だから、「押し紙」の強制ではない。単なる不正行為である。

いずれにしても「押し紙」政策は、専売店制度なくしては成り立たない。だから特殊指定やテリトリー制の撤廃が原因で自由競争が起こり、専売店制度から合売店制度へ移行すれば、「押し紙」政策も取れなくなる。その結果、新聞社は膨大な減収を招くだろう。

新聞社がメディア企業としての本来の倫理を忘れて、政治家に擦り寄ってでも新聞特殊指定を堅持しようとしたもうひとつの理由がここにあるのだ。

公取委の特殊指定撤廃の動きと、その背景

さて、二〇〇五年一一月二日に公取委が、特殊指定を撤廃する方向性を打ち出してから後の新聞業界の動きを追ってみよう。半ば予想したことではあるが、日本新聞協会はただちに公取委の方針に反対する声明を発表した（資料③）。それと同時に、新聞特殊指定プロジェクトチーム（PT）を設置して公取委との交渉を進める体制を整えた。その後、政界との太いパイプを持つ日販協と共闘体制を組んで、特殊指定を守る運動の先頭に立つことになる。

新聞労連も一二月一五日に、新聞特殊指定の撤廃に反対する声明を発表した。

年が改まって二〇〇六年の二月二二日には、新聞協会の新聞特殊指定プロジェクトチーム（PT）が、公取委に対して意見書を提出した。

三月一五日には、新聞協会が特別決議を採択した。

こうした動きの中で、既に述べたように公取委の竹島委員長が「皆、マインドコントロールにかかっている」と発言して新聞関係者から激しくバッシングされた。

声明や意見書などに表明された特殊指定維持を求める新聞関係者たちの主張を総括すると、枝葉末節はあるにしても根本的には二つの主張に集約できる。

まず、第一は特殊指定が撤廃されたならば再販制度が骨抜きになり、「経営体力の劣る販売店は撤退を強いられ、全国に張り巡らされた戸別配達網は崩壊へむかう」（協会声明）という主張である。しかし、この論旨には、明らかな誤りがある。特殊指定の撤廃により、「経営体

資料③　日本新聞協会の声明文

声明・見解

声明

平成17年11月2日

新聞の特殊指定見直し表明に関する新聞協会の声明

本日、公正取引委員会は、新聞業をはじめとする「特定の不公正な取引方法」（特殊指定）の見直し作業に入る方針を発表した。

新聞は民主主義の基礎である国民の知る権利に応え、公正な情報を提供するとともに、活字を通じて日本文化を保持するという社会的・公共的使命を果たしている。

新聞業の特殊指定は、差別定価や定価割引などを禁止することにより、その流通システムを守り、維持するために定められたものである。新聞の再販制度と特殊指定は一対のものであり、特殊指定の見直しは、その内容によっては、再販制度を骨抜きにする。その結果、経営体力の劣る新聞販売店は撤退を強いられ、全国に張り巡らされた戸別配達網は崩壊へ向かう。しかしながら、多くの国民は毎日決められた時間に新聞が届けられること、誰もがどこでも同じ価格で、容易に入手できることを望んでいる。

本年7月に施行された文字・活字文化振興法は、「すべての国民が等しく文字・活字文化の恵沢を享受できる環境を整備すること」を基本理念に掲げ、そのための施策の実施を国と地方公共団体に義務づけた。

特殊指定の見直しは、著作物再販の存続を決めた公取委自身の4年前の決定と矛盾するばかりか、文字・活字文化振興法にも背く。官民あげて活字文化の振興に取り組む法制度がつくられた矢先に、時代の要請に逆行するような動きには強く抗議せざるを得ない。われわれは、現行規定の維持を強く求める。

以　上

力の劣る販売店は撤退を強いられ」るという主張はその通りだが、それをもって戸別配達網が崩壊するというのは論理が飛躍している。

すでに説明したように拡販競争で販売店の経営が破綻しても、「勝者」となった販売店が「敗者」になった販売店の新聞を吸収することで戸別配達制度そのものは維持される。崩壊するのは戸別配達制度ではなくて、専売店制度である。

新聞関係者たちの第二の主張は、新聞は「国民の知る権利に応え、公正な情報を提供」（協会声明）するものなので、国民が平等に活字文化に接する機会を保証するためにも、戸別配達制度を崩壊させてはならないというものである。しかし、この主張の前提となっている論理、つまり特殊指定の撤廃で戸別配達制度が崩壊するという考えが誤りであるから、議論の余地がない。

一歩譲って、特殊指定の撤廃で戸別配達制度が崩壊するとしても、知る権利の保証や活字文化の普及が、新聞を媒体として行われていると決め込むのはおかしい。自らをオピニオン・リーダーとして位置づけているから、このような思考になるのではないだろうか。

余談になるが新聞関係者が国民の知る権利を本当に尊重しているのであれば、新聞社は公権力とは一定の距離を保っていなければならないはずだ。そもそも日販協政治連盟を通じて、自民党新聞販売懇話会の議員に政治献金を贈るようでは、第三者の立場から政治の腐敗を国民に知らせることすらできない。

このように新聞関係者が特殊指定の持続を主張する根拠は、戸別配達制度の崩壊を防ぐという観点から見ても、知る権利の保証や活字文化の普及といった観点から見ても説得力に乏しい。しかし、二〇〇六年の上半期のキャンペーンを通じて、新聞関係者は機会があるごとに同じ主張を繰り返したのである。

新聞業界の大芝居

話は前後するが二〇〇六年の一月、当時としてはまことに奇抜で不可解な、しかし特殊指定の問題が決着した後に再考してみると、いとも簡単に謎が解けるある対談が物議を巻き起こした。朝日新聞社が発行する『論座』（二〇〇六年二月号）（写真④）に、読売新聞社の渡辺恒雄会長が登場して、朝日新聞社の若宮啓文論説主幹と日本の戦争責任や靖国神社の問題などについて意見を交わしたのである。対談の中身そのものには、特筆するに値するような新しい視点はなにも見いだせないが、渡辺氏がこれまでのスタンスを変えて、小泉首相の靖国神社参拝などを批判するなどリベラルな姿勢を示したことが話題になった。

たとえば右派の間で、憲法改正へ向けて日本軍の過去の戦争犯罪を隠す動きが顕著になっている時勢にもかかわらず、渡辺氏が、「僕は自分の実体験を語り、残しておかないといけないと思っている。日本軍というのは本当にひどいものだったということを、どうしても言い伝え、書き残しておかなきゃいかんと思っているわけですね」と発言する。渡辺氏にしては珍し

写真④　『論座』（2006年2月号）

く、リベラル派に近いスタンスである。

南京大虐殺についても、右派の間では歴史を改ざんして、なかったことにしようとする動きがあるが、渡辺氏は、「犠牲者が三〇〇〇人であろうと三万人だろうと三〇万人であろうと、虐殺であることには違いがない」と釘を刺す。それを受けて朝日の若宮氏が、「どっちが朝日新聞かわかりません。（笑）」と言う。

渡辺氏が保守派の人々の神経を逆なでする発言を繰り返したことが論壇を驚かせた。ところが対談の後半になると、これらの奇抜な発言の裏側が見えてくる。

話題が言論の自由についてになると、渡辺氏が、「いや、それはもう、言論の自由とか言論の独立を脅かすような権力が出てきたら、読売新聞と朝日新聞はもう、死ぬつもりで結束して闘わなきゃいけない」

露わにする。

と、発言する。そして最後には、「読売新聞と朝日新聞は生き残らなきゃいかん」と本性を

つまりこの対談の本当の目的は、渡辺氏がみずからの思想の「転向」を宣言してみせることで、特殊指定の問題に対する政府の対応を牽制することだったのではないか。政府が公取委に圧力をかけて、特殊指定を撤廃する動きに歯止めをかけない限り、新聞業界は政府とは決別して、教育基本法や憲法の改正に反対する主張を展開すると暗黙のうちにほのめかしているのである。少なくともわたしは、そんなふうに解釈した。この点については、二〇〇七年二月六日付けのホームページ『新聞販売黒書』でも言及したが、わたしの解釈に対して、新聞販売の関係者から共感の声が多く寄せられた。

もし、わたしの推測が正しいとすれば、新聞関係者たちは自らの既得権を守るために自らのメディアを使って世論を誘導したことになる。

実際、この対談を皮切りにするかのように、新聞業界は特殊指定を堅持するための大キャンペーンを展開する。公取委へ意見書を送りつけたり、紙面で我田引水の論を展開したり、さらには新聞販売懇話会などを窓口として政治家との懇談を重ねて行く。

結論から先に言えば、新聞業界の一連の活動は効を奏した。その最も顕著な成果は、新聞販売懇話会が「新聞の特殊指定に関する議員立法検討チーム」を発足させたことだった。そして四月一九日には、初会合を開いた。この日はプレスセンターで国会議員と新聞人の懇談会が開

かれた日でもある。

この「議員立法検討チーム」の目的は、新聞特殊指定を守るために、独禁法そのものを改正することである。現在の独禁法は特殊指定を改訂する権限を公取委に与えているのだが、これを改訂して、公取委からその権限を奪うのが目的である。それに成功すれば、新聞業界は特殊指定を守ることができる。

「議員立法検討チーム」の座長になったのは、高市早苗議員だった。その他、山本一太議員、鈴木恒夫議員ら総勢七人が名を連ねた。

ちなみに高市議員は、二〇〇五年八月三〇日に日販協政治連盟から五万円の陣中見舞いを受け取っている。その献金が効を奏したのかどうかは不明だが、高市議員らは五月一九日に独禁法の改正案を自民党の経済産業部会に提出した。改正案は次の二項目である。

①公取委が特殊指定を変更・廃止する場合でも、公聴会の開催などを義務付ける。
②新聞特殊指定の規定を二条九項の別表とし、独禁法本法に明記する。
(『日販協月報』二〇〇六年六月一日)

改めて言うまでもなく決定的な意味を持つのは、②である。新聞特殊指定の規定を独禁法の本体に組み込めば、この規定を変更する権限が公取委から国会に移る。その結果、新聞業界の殺生権を公取委に代わって政治家が握る。しかも、特殊指定を守る運動の中で新聞業界と政界は癒着を強めているので、現在の情況下では、政治家が特殊指定を廃止する方向で動くことはありえない。

癒着関係の下で、新聞社が公正な立場から政治問題を報道できるのかはなはだおぼつかない。自由な言論活動に支障が出てくることは容易に予想できる。このような構図になってしまったのも、特殊指定の撤廃によって、日本の新聞社が内包している構造上の大問題が表面化することを新聞関係者が恐れているからだ。

五月三一日、公取委の竹島委員長は新聞特殊指定の撤廃を断念する旨を自民党の中川秀直政調会長らに伝えた。断念しなければ、独禁法の改正案が審議され、公取委の権限すらも狭められてしまうので、竹島氏としても他に選択肢がなかったようだ。

『新聞通信』（八月三日付）によると、七月二八日に行われた第五五回日販協通常総会には、来賓として、政界から中川秀直、島村宜伸、高市早苗、山本一太の各議員が参加した。このうち高市氏は、次のような発言をしている。わたしの感覚からすれば、問題発言である。

「独禁法の改正案として二本作りましたが、最終的には法制局の審査を両方とも通った。状況がいい方（特殊指定維持）に変わり、今は日販協側に法律案そのものを渡してあります。今後何か起きたら、その時はいつでも提出できる安全パイを持てたことは良かった。（略）」

また、山本氏は、特殊指定問題が再燃した場合の対策として、「その時は高市座長が作った法案をいつでも出せる状況にしてあります。（特殊指定問題が）出てきた時には、議員立法で金輪際始末をつけることになる」

新聞業界は、完全に政治家の庇護に置かれた。

しかし、新聞業界が政治家に大きな借りを作った事実は、ジャーナリズムの観点からすれば、取り返しのつかない負の遺産となった。

小泉首相が辞任して、その後に安倍内閣が発足すると、新聞販売懇話会の会長代行である中川秀直氏が自民党の幹事長の座に就いた。また「議員立法検討チーム」の座長を務めた高市早苗氏が、内閣府特命担当大臣に就任する。さらに産経新聞社出身の山谷えり子議員が内閣総理大臣補佐官に抜てきされた。

安倍内閣の下では、早々に教育基本法の改正と国民投票法の法制化が浮上した。教育基本法は、愛国心を養うことを強要するなど、日本の軍事化へ向けた動きのひとつに他ならない。極論すれば、「お国のために命を捧げられる人間」の養成を目的とする。その意味では、憲法九条を「改正」して、交戦権を確保しようとする自民党の動きと表裏をなしている。

また、国民投票法は憲法「改正」のための布石である。つまりこれら一連の動きを総括すると、日本は軍事大国への道を歩み始めたといえる。その背景に多国籍企業の海外進出にともなって、第三世界の国々における政変に対処するための〝防衛部隊〟が必要になっているという事情があるのは言うまでもない。武力で多国籍企業の権益を守るという極めて危険な兆候が浮上してきたのだ。

しかし、新聞ジャーナリズムはなんの防波堤にもならなかった。実際、教育基本法の本質が何であるかすらも国民の間に浸透しないまま、一二月一五日に同法の改正案は成立した。『論座』の誌上で、「日本軍というのは本当にひどいものだった」と発言した渡辺恒雄氏が率いる読売新聞社は、社説で教育基本法の改正を絶賛した。さらに二〇〇七年五月の憲法記念日の社説でも、憲法改正の必要件を説いてみせた。

読売新聞社のこのような言動を前にするとき、『論座』誌上の渡辺発言の本質がかいま見えてくるのである。リベラル派を擁護するポーズを取ったのも政界との駆け引きだったとしか考えられない。

確かに朝日新聞のように、自民党とは見解を異にして憲法問題ではどちらかといえば護憲派の社説を掲げてきた新聞社もあるが、それをもって必ずしも護憲の立場からジャーナリズム活動を展開しているとは言えない。実際、日常的には護憲の動きはあまり報道しない。社説は新聞社の報道の視点を示すものであるから、本来であれば、護憲運動を熱心に報道しなければおかしいのだが。

それができなくなっている背景に、政界への配慮があるのではないだろうか。新聞が本当に権力を監視する役割を果たすようになれば、公権力は経営上の弱点に付け込んでジャーナリズム活動を牽制するだろう。特殊指定の問題を通じて、新聞社の経営構造のどこに問題があり、公権力がそれをどのようにして保護しているのかが見えてきたのである。政界は特殊指定の問題を逆手に取って、新聞界への介入を強めている。このような構図になってしまったのは、新聞社経営において数知れぬ重大な汚点があるからにほかならない。

2章　「押し紙」の立証

「押し紙」は新聞特殊指定の三項で禁止されている

大々的に展開された新聞特殊指定を守るキャンペーンの間、重大問題であるにもかかわらず新聞関係者がまったく口にしなかった事柄がある。「押し紙」の問題である。前章で述べたように、「押し紙」は新聞特殊指定の第三項で禁止されている。

ところがキャンペーンの期間中、新聞関係者のだれ一人として「押し紙」を問題視しなかった。「押し紙」政策が新聞社経営の根幹に係わり、これを改めたならば経営が破綻する恐れがあるからだ。

日本の新聞業界は、どの程度の「押し紙」を隠しているのだろうか。「押し紙」の実態を正確に捉える作業はかなり難しいのが実情だ。これまでわたしは機会があるごとに「押し紙」の実態を紹介してきた。たとえば、『新聞社の欺瞞商法』(リム出版新社)でも、『新聞があぶない』(花伝社)でも「押し紙」の実態を紹介する章を設けた。そしてみたび本書の中で、「押し紙」に言及しようとしている。

そこで今回は、単に「押し紙」に関連したデータを紹介するだけではなくて、どのように「押し紙」の立証方法が進化していったかについても触れてみよう。それにより「押し紙」の全体像をより正確に把握できる。物事を検証する際に、方法論は極めて重要だとわたしは考えている。

結論から先に言えば、「押し紙」の検証方法は現在、かなり高度なものになっている。それに伴い司法も「押し紙」政策が客観的に存在する事実を認めざるを得なくなってきた。

　7章で詳しく紹介するが、二〇〇七年六月には、福岡高裁が読売新聞社の「押し紙」政策を明確に認定した。しかし、ここに至るまでには、実に三〇年もの歳月を要したのである。

アンケート調査から書類重視へ

　日本で初めて本格的な「押し紙」の調査が行われたのは、一九七七年のことである。これは日販協（日本新聞販売協会）が実施した調査で、一店あたり平均して八・三％の「押し紙」があるとの結論を出した。「押し紙」率が八・三％ということは、二〇〇〇部を扱っている販売店であれば、一六六部が「押し紙」という計算になる。

　しかし、この調査はアンケートによる調査で、現在の「押し紙」調査方法から見れば極めて未熟だった。アンケートであるから、「押し紙」の被害を誇張するために、たとえ嘘の数字を記入しても、それがデータとして採用された。帳簿類に記された数字に基づいたものとは限らないので、やはり参考の数値の域をでない。

　一九八〇年代になって、「押し紙」調査に新しい方法が現れた。新聞社から販売店へ送付される請求書に明記された新聞の送り部数から、読者名簿に記されている読者数をさし引く方法である。たとえば請求書の送り部数が二〇〇〇部になっている一方で、販売店が保管している読者名簿に記された読者の人数が一五〇〇人とする。この場合、差異の五〇〇が「押し紙」部数になる。

この調査方法に基づいて、「押し紙」の実態を明らかにした典型的なケースが『北田資料』である。これは奈良県の読売新聞・鶴舞直売所を経営していた北田敬一氏が、同店を廃業させられた後、公取委に提出した新聞の商取引に関する資料である。その中で「押し紙」の実態も明らかになった。

表①が具体的な数字である。最も「押し紙」が多かった時期は、一九八〇年の一月である。一一〇〇部の送り部数に対して、実配部数が六〇八部。実に四九二部が「押し紙」だった。これらの数字は全て書類に基づいており、アンケート調査に比べると格段に信憑性が高い。

送り部数と読者名簿から「押し紙」を割り出す方法は、その後、長いあいだ続いて、現在でも採用されている。参考までに最新の例を紹介してみよう。

二〇〇五年の八月、産経新聞・東浅草販売店の元店主である近藤忠志氏は、「押し紙」など

表①　北田資料より抜粋した「押し紙」の実態

	送り部数	実売部数	押し紙
76年 1月	791	556	235
6月	870	629	241
77年 1月	910	629	281
6月	950	626	324
78年 1月	1030	614	416
6月	1050	689	361
79年 1月	1095	680	415
6月	1035	627	408
80年 1月	1100	608	492
6月	1100	675	425
減紙交渉			
7月	720	676	44
81年 1月	770	591	179
5月	815	644	171
廃業			

表② 産経新聞東浅草販売店注文・供給部数実績表

年　月	実配部数	送り部数	押し紙部数	単価	押し紙部数の購入代金額
平成12年10月	437	658	221	1,688	373,048
平成12年11月	430	927	497	1,688	838,936
平成12年12月	430	934	504	1,688	850,752
平成13年1月	411	954	543	1,688	916,584
平成13年2月	416	954	538	1,688	908,144
平成13年3月	414	954	540	1,688	911,520
平成13年4月	409	994	585	1,688	987,480
平成13年5月	404	966	562	1,688	948,656
平成13年6月	390	966	576	1,688	972,288
平成13年7月	400	986	586	1,688	989,168
平成13年8月	398	975	577	1,688	973,976
平成13年11月	383	1015	632	1,688	1,066,816
平成13年12月	378	1075	697	1,688	1,176,536
合計	5,300	12,358	7,058		11,913,904

による被害の賠償金として約九〇〇万円の支払いを求め、産経新聞社を相手に個人訴訟を提起した。

表②に示すのが、東浅草販売店における実配部数、送り部数、それに「押し紙」数である。平均すると五七%が「押し紙」である。

発注伝票が不在になっているので、注文部数として採用したのは、読者名簿に記入されている読者数である。

送り部数は、『北田資料』と同様に新聞社が送りつけた請求書に記入されている新聞の送り部数を採用した。これについては産経新聞社も正確な数字であることを認めている。

送り部数から実配部数を差し引いたものが、残紙、あるいは「押し紙」であることは言うまでもない。

近藤氏は廃業前には、新聞の卸代金が支払

えなくなり、町金融などから借金を重ねた。平均すると「押し紙」率は、送り部数の五七％であるが、近藤氏が廃業に追い込まれる直前の部数に注意してほしい。実配部数が減っているのに、逆に送り部数が跳ね上がっている。この時点で近藤氏は、販売店経営に見切りをつけたのである。しかし、産経新聞社に対して負債を負ってしまったために、開業時にあずけた保証金に相当する資金（公式には代償金と呼ぶ）も没収されてしまった。

裁判で東京地裁は送り部数から読者名簿に記された読者数（実配部数）を差し引いた部数を、強制的に買い取らされた「押し紙」とは認定しなかった。読者数をもって注文部数（実配部数）とは言えないと判断したのである。

請求書に記された新聞の送り部数から、読者名簿に記された読者数を差し引いて「押し紙」部数を導き出す方法は、アンケート調査に比べれば、「押し紙」の実態をはるかに正確に捉えている。しかし、発注伝票がもともと存在しないために、法的な観点からすれば、「押し紙」の立証は難しい。

特殊指定で「押し紙」を禁止していながら、公取委が「押し紙」を取り締まれない理由も、このあたりにありそうだ。公取委は裁判所と同様に法的な根拠に基づいて「押し紙」を認定する。

毎日新聞・箕面販売所の調停事件

「押し紙」を立証する難しさは、販売店主たちも徐々に認識するようになっている。発注伝票の不在がその要因とすれば、なんらかの形で「押し紙」を断った証拠を残さなければならない。その意味では毎日新聞・箕面販売所（大阪府）の店主・杉生守弘氏が取った処置は賢明だった。

杉生氏は、一九七六年から毎日新聞・箕面販売所を経営してきた。箕面販売所にも、多量の「押し紙」が存在したが、杉生氏は、再三にわたって書面で「押し紙」の搬入を断っている。しかし、書面で断ったのは「押し紙」裁判を想定して、証拠を残すためではない。実質的に「押し紙」に苦しめられていたからである。そこで担当員に対して礼を失しないように、手紙というかたちを選択したのだ。

しかし、毎日新聞社は杉生さんの要望を無視して「押し紙」を送り続けた。そこで杉生氏は、二〇〇六年六月、大阪簡易裁判所に約六三〇〇万円の損害賠償を求める調停を申し立てたのである。

調停の中で杉生氏が明らかにした新聞部数は、表③に示すとおりである。二〇〇〇年から二〇〇五年まで、毎年一月の数字を、送り部数、要請部数、それに実配部数に分けて表示したものである。

このうち「要請部数」は言葉の概念が曖昧で分かりにくいが、わたしが調べた限りでは、新聞業界に普遍的な用語というよりも毎日新聞社に特有なものであるようだ。平たく言えば、これは実配部数の増部目標であると推測される。「押し紙」が周知の事実として存在し、しかも

表③　杉生氏らが明らかにした新聞部数一覧表

		実売部数	要請部数	送り部数
2000年	1月分	918	1,100	1,800
2001年	1月分	966	1,100	1,830
2002年	1月分	892	1,100	1,800
2003年	1月分	815	1,100	1,820
2004年	1月分	782	1,100	1,510
2005年	1月分	733	900	1,510

その数があまりにも多いので、毎日新聞社は、販売店に対して、すべての「押し紙」を実売部数にせよとは言えない。そこで、実配部数の増部目標を設定して営業活動の目安としたのではないか。

わたしがこのような推測をしたのは、毎日新聞・貝塚北販売所（大阪府）へ毎日新聞社が送付した書類（図④）に、「目標数」と「実配増目標」の二つが平行して書き込まれていたからだ。つまり「押し紙」の負担「目標数」と、実配部数の「増目標数」の二つがあるのだ。このような事実から、箕面販売所における「要請部数」とは、実売部数の目標であると解釈できる。杉生氏もそのように説明している。

実際に調停の書類に記入された数字を検証してみよう。表③に明記された数字を見ればわかるように、送り部数から実売部数を差し引いた「押し紙」率は約五〇％である。つまりこの店に搬入される新聞の約半分は、配達されずに破棄されていたことになる。

残念ながら二〇〇〇年より以前の「押し紙」に関する書類は残っていないが、杉生氏によると、「押し紙」は昔から存在したという。「押し紙」が増えた要因は、端的に言えば販売政策の「失敗」である。

洗剤やビール券など多量の景品類を使って新聞部数を増やした段階までは、すべてが順調に推移しているかのようだったが、その後、景品の使用を自粛したところ、多数の読者を失ったという。しかし、毎日新聞社は新聞の送り部数を減らすことなく、同じ部数を箕面販売所へ送り続けた。その結果、購読者が減るに連れて「押し紙」がどんどん増えたのである。杉生氏が言う。

「わたしが一九七六年に箕面販売所を開業したときの配達部数は八三二部でした。その後、大量の景品類を使って営業を展開し、三年後には約一九〇〇部まで部数を増やしました。しかし、新聞の乱売が社会的な非難を浴びたために、毎日新聞社は景品類を使用しないように販売店に指示を出したのです。ところが読者は景品のサービスがなければ、新聞を購読しません。実際、大幅に部数が減りました。その減った部数は、ライバル社が高価な景品をエサにして奪い取っていったのです」

なぜ、毎日新聞社に限って景品の使用を控えざるを得なくなったのだろか。これはわたしの推測になるが、全販労（全国新聞販売労組）が主導する販売正常化の運動が高騰してきた事情が背景にあるのではないか。しかも、全販労の中心メンバーの一人に毎日新聞社と関係が深い沢田治氏がいた。おそらく毎日新聞社も全販労の動きを無視できなくなったのではないかと思う。

実際、沢田氏らの工作により、一九八〇年の三月から、共産党、公明党、それに社会党によ

図④　毎日新聞社が送付した書類

▨ 貴店目標数

月	目標数	前年数	<拡配増目標> / <実配増目標>
7	1.350	1.260	
8	1.400	1.400	
9	↓	↓	
10			950
11		1.350	
12	↓	1.350	

▨ 従業員奨励

夏期拡張従業員奨励助成金（7月～10月）

夏期拡張の従業員奨励規定の助成金として、部当り40円を各毎日会又は支部会に支給。

（奨励規定については各毎日会、支部会にて策定。）

▨ 第19回　年間優秀新人賞

資　格　　平成13年1月以降創業の全店。

選　考　　平成15年1月～12月までの増紙、普及率向上、納金成績による。

表　彰　　ご夫妻を表彰式にご招待し、記念額を贈呈。

る新聞の販売過当競争の追及が国会を舞台に始まる。

　このような動きに敏感に反応した結果、毎日新聞社の販売局は景品の使用を控えるように販売店に指示を出したのではないか。その意味では良識ある対応とも言えるが、しかしその一方で販売店に対しては、「押し紙」を負担させることで、減紙による収益低下の影響が本社に及ばないようにしたようだ。どうひいき目に見ても、販売店の立場を考えない自己本位な販売政策である。

　すでに述べたように、杉生氏は一九九〇年ごろから再三に渡って「押し紙」を中止するように申し入れている。二〇〇三年から二〇〇五年にかけては、合計三回にわたって書留郵便で、「押し紙」の中止を求めた。

　このうち二〇〇四年一二月二五日付けの最初の要望書（資料⑤）を紹介しよう。


（略）私もこの業界に入り四四年、開業以来家族業務に重点をおき、今日に至っておりますが、昨今の社会情勢と販売競争が激化し、現状維持するのがやっとです。

　これ迄に数度に渡り送り（部）数の改定を申し出ているのですが、前向きな回答がございません。本日、改めて書簡にて失礼とは存じますが、下記の通り送り部数を改定下さい。

　現在送り部数（一二月末）一四六〇部。

改定部数　九〇〇部に送り（部）数を改定して下さい。
何卒　よろしくお願い申し上げます。

この時点における箕面販売所の実配部数は七三三部である。杉生氏が承諾した九〇〇部は、要請部数である。本来であれば七三三部に加えて予備紙が二〇部もあれば十分であるが、杉生氏は少なくとも九〇〇部だけは自主的に負担を引き受けようとしたのである。ところが毎日社が翌月、箕面販売所へ送り付けてきた新聞の部数は、それまでの送り部数である一四六〇部にさらに五〇部上乗せした部数だった。明らかな嫌がらせだった。

新聞の卸代金の取り立ては極めて厳格だ。期限までに納金できなければ、強制改廃されても文句はいえない。そのため杉生氏は資金繰りに四苦八苦したという。話の時期は前後するが一九八九年には、赤字を補填するために自宅マンションを売却している。まさかこれほど新聞社に痛めつけられるとは、想像もしなかったという。

箕面販売所による「押し紙」調停事件で、もっとも特徴的なのは、販売店が書面というかたちで、公式に「押し紙」を断っているにもかかわらず、それが無視されていた点である。これまで「押し紙」問題は、たびたび暴露されてきたが、わたしが知る限り、販売店の側が書面で「押し紙」を断っていた例は初めてである。

ちなみに箕面販売所の「押し紙」問題は、二〇〇七年五月に大阪簡易裁判所から大阪地裁に

資料⑤　杉生氏の要望書

No.

平成16年12月25日

販売第一部長　千原 成記様

要望書

毎日新聞取引部数(送り数)改定に関するお願い

私もこの業界に入りH4年開業以来家族労働に重要をおき、今日に至っておりますが、昨今の社会情勢と販売競争が激化し、現状維持するのがやっとです。

これ迄に数度に渡り送り数の改定を申し出ているのですが前向きな回答がございません。本日改めて書簡にて失礼とは存じますが、下記の通り送り部数を改定下さい。

現在送り部数(12月末)1460部

改定部数　900部に送り数を改定して下さい。

何卒よろしくお願い申し上げます。

コクヨ ワ-3

移った。調停が成立せずに、杉生氏が「押し紙」裁判を提起したのである。「押し紙」を断った明確な証拠が書面というかたちで残っていただけに、裁判所の判断が注目される。

発証数

発証数を基準として、「押し紙」を推定する方法も一般化してきた。

発証数というのは、販売店が読者に対して発行する新聞購読料の領収書の枚数である。発証数は新聞の実配部数にほぼ準じる。したがって新聞の卸代金の請求書に記された部数から発証数を差し引けば「押し紙」の部数がほぼ判明する。ただ、実際に新聞を購読していても、購読料を集金できなければ領収書を発行できないので、送り部数から発証数を差し引いた数字が、正確な「押し紙」部数ではない。多少の差異が生じる。

発証数をもとに、「押し紙」の実態を推定する方法は、最近の「押し紙」裁判で、販売店の側が採用するようになった。新聞販売店の業務がコンピュータ化されてきたのにともない、データの保存が簡単になったことがその原因ではないかと思う。しかし、この方法をもってしても今のところ裁判所や公取委は、販売店に余っている新聞を「押し紙」とは認めていない。

発証数の記録を根拠に「押し紙」を告発した例としては、二〇〇五年二月、滋賀販労（滋賀県新聞販売労組）の元委員長である沢田治氏が毎日新聞社の発証数が記入された文書を、毎日関係者から入手して、『ＦＬＡＳＨ』（二〇〇五年二月八日）で暴露したケースがある。「朝刊発証数の推移」と題する文書で、これについては『新聞があぶない』（花伝社）に詳しいが、再度、簡単に数字を紹介してみよう。それによると発証数が約二五一万枚であるのに対して、新聞の送り部数は約三九五万部である。差異の一四四万部が「押し紙」ということになる。ただし、既に述べたように新聞購読料を集金できなかった読者に対しては、領収書を発行していないので、「押し紙」として推測される数字が多少多くなる。

同誌に掲載された毎日新聞社・社長室のコメントは、この文書を捏造と決めつけている。しかし、毎日新聞社の箕面販売所や貝塚販売所の「押し紙」の実態から察して、約一四四万部の「押し紙」部数は、決して誇張とはいえない。

ただ、発証数が明らかになっても、発注伝票が不在なので、新聞の発注記録がない状況には変わりがない。したがって法的には、「押し紙」の立証ができない。

「押し紙」政策の立証

「押し紙」の立証で、革命的な前進を遂げたのが二〇〇一年九月に福岡地裁・久留米支部で提起された販売店訴訟である。通称は真村裁判という。この訴訟については7章でもふれるが、この章では、裁判の中で原告側が行った「押し紙」政策の立証について記述しておこう。

原告の販売店主・真村久三氏らは、まったく斬新な方法で読売新聞社の「押し紙」政策を証拠づけた。その結果、史上はじめて司法の場で新聞社の「押し紙」政策が認定されたのである。

しかし、この裁判はもともと読売新聞社が「押し紙」政策を行っていたかどうかを争った裁判ではなくて、新聞販売店の地位保全裁判である。発端は販売店網の再編の中で読売新聞社が、久留米市やその近郊地域の販売店網の再編に乗り出し、次々と店主を解任しようとしたことである。ところが読売新聞社は経営権を奪うための正当な理由がなかなかみつからない。そこで持ち出してきたのが、不透明な新聞部数、「押し紙」の問題だった。

改めて念を押すまでもなく、「押し紙」は新聞社が販売店に対して強制する新聞である。ところが読売新聞社は、まったく逆立ちした主張を展開した。販売店に過剰に余っている新聞は、読売新聞社が強制した「押し紙」ではなくて、販売店が折込チラシの水増しで利益を上げるために、好んで注文した新聞であるという主張である。新聞の送り部数と販売店に搬入される折込チラシの枚数は原則として一致するので、販売店が折込チラシの水増しで不正な利益を上げるために、過剰な新聞を注文していたなどと主張したのである。

真村氏が経営するYC広川のケースでも、販売店に余っていた新聞がどのような性質の新聞だったのかが、重要な争点になった。読売新聞社が主張するように、折込チラシの水増しで稼ぐことが目的で真村氏が注文した部数であれば、真村氏を解任する立派な理由になる。

裁判では、過剰な新聞は読売新聞社が強制した「押し紙」なのか、それとも真村氏が折込チラシの詐欺をするために自主的に注文した新聞なのかが、最後まで争われた。

しかし、この問題に立ち入る前に、まず、読売新聞社の販売店管理の手法について若干の説明をしておかなければならない。読売新聞社は、販売店に対して業務報告書を毎月提出するように指導していた。結論から先に言えば、この業務報告書のカラクリを真村氏が解明して、読売の「押し紙」政策を立証したのである。

定数表のカラクリ

業務報告書の中に定数表（資料⑥）と言われるものがある。定数表には、新聞の実配部数を書き込む欄がある。この欄に販売店主は、自分の店で実際に配達している新聞部数を記入して、読売新聞社に提出する。

第三者からみれば、定数表に実配部数を記入する欄があるのだから、販売店は「押し紙」が発生しないように、本当の数字を記入すればいいように思われる。しかし、実はこれこそが販売店の弱い立場を逆手に取った読売流のトリックなのだ。定数表のカラクリを解くことは、読売新聞社による「押し紙」政策を立証することにほかならない。

新聞拡販の計画が決まると、読売新聞社は販売店に対して、新聞の部数拡張を要請してくる。厳密にいえば、発行本社の販売局が全体の増紙目標を定めた後、それを販売店の集合体である読売会へ通知する。読売会はみずからの下部組織であるブロック会（地域毎の販売店で構成）を単位に拡販部数を割りふる。さらにブロック会は販売店ごとの部数を割り当てる。

しかし、これら一連のプロセスの中で、ブロック会や販売店に対して、実質的に割り当て部

資料⑥　「今月の実績」と記されている所が定数表である。
「実配」は実配部数の意味。

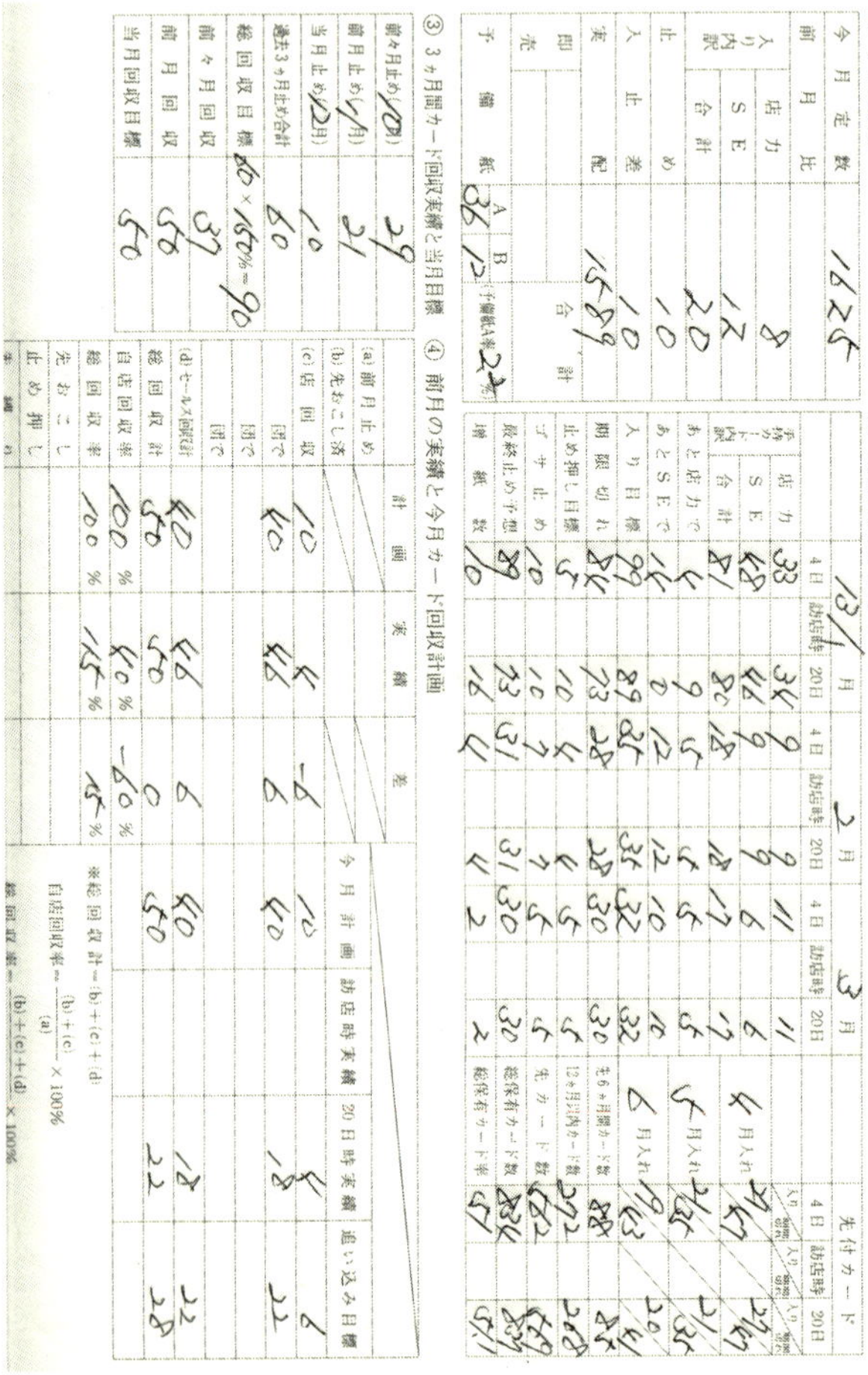

① 店　控

12年 12月度　業務報告書　　YSC 広川

12月4日・訪店時・納金会前日記入

① 今月の実績

今月定数		1625	
前月比			
入り内訳	店力	8	
	SE	12	
	合計	20	
止め		10	
入止差		10	
実配		1589	
即売			合計
予備紙	A 36	B 12	予備紙A率 22%

② 増紙計画及び保有カード

	13/1月 4日	訪店時	20日	2月 4日	訪店時	20日	3月 4日	訪店時	20日		先付カード 4日	訪店時	20日
手持カード内訳 店力	33		34	9		9	11		11		入り/期限切れ	入り/期限切れ	入り/期限切れ
SE	48		46	9		9	6		6	4 月入れ	21/47		27/47
合計	81		80	18		18	17		17				
あと店力で	4		9	5		5	5		5	5 月入れ	21/35		21/35
あとSEで	14		0	12		12	10		10				
入り目標	99		89	35		35	32		32	6 月入れ	19/43		20/41
期限切れ	84		73	28		28	30		30	先6ヵ月間カード数	88		88
止め押し目標	5		10	4		4	5		5	12ヵ月以内カード数	272		268
ゴサ止め	10		10	7		7	5		5	先カード数	662		669
最終止め予想	89		73	31		31	30		30	総保有カード数	834		839
増紙数	10		16	4		4	2		2	総保有カード率	51		51.1

③ 3ヵ月間カード回収実績と当月目標

前々月止め(10月)	29
前月止め(11月)	21
当月止め(12月)	10
過去3ヵ月止め合計	60
総回収目標	60×150%＝90
前々月回収	37
前月回収	50
当月回収目標	50

④ 前月の実績と今月カード回収計画

	計画	実績	差	今月計画	訪店時実績	20日時実績	追い込み目標
(a)前月止め							
(b)先おこし済							
(c)店回収	10	4	-6	10		4	6
団で	40	46	6	40		18	22
団で							
団で							
(d)セールス回収計	40	46	6	40		18	22
総回収計	50	50	0	50		22	28
自店回収率	100 %	40 %	-60 %				
総回収率	100 %	115 %	15 %				
先おこし							
止め押し							

※総回収計＝(b)＋(c)＋(d)

自店回収率＝$\frac{(b)+(c)}{(a)}$×100%

総回収率＝(b)＋(c)＋(d) ×100%

数を決めているのは、読売新聞社であると推測される。

もし、熱心に拡販活動しない販売店が一店でもあれば、そのしわ寄せはブロック会全体に及びかねない。形のうえでは、ブロック会が販売店に拡販の指示を出していることになっているからだ。最悪の場合は、ノルマ部数の未達成分をブロック会全体で負担させせられることもありうるかも知れない。いわゆる連帯責任である。

さらにノルマが達成できなかった販売店は、営業不振と見なされて、改廃させられる危険性もある。いずれにしも目標部数の未達成は、店主としての地位を危険にさらしかねない。と、なれば店主は、たとえ目標が達成できなくても、達成したことにして、定数表の欄に嘘の実配部数を記入するいがいに仕方がない。もちろんこうして生じた「押し紙」部数の卸代金を負担するのは店主である。

ところがこのような虚偽部数を前提とした処理を行った場合、営業不振のレッテルこそ免れるが、販売店に別の大きなリスクをもたらす。と、言うのも、なんらかの原因で読売新聞社が販売店との取り引きを中止する場合、部数の虚偽報告を理由にしてくる恐れがあるからだ。

実際、真村氏のケースがそうだった。読売新聞社は部数の虚偽報告を理由にして、真村氏からYC広川店の経営権を取りあげようとしたのである。

真村裁判では、虚偽報告とされた部数が発生するプロセスが検証された。

その結果、読売新聞社が「虚偽」の中身を知っていたらしいことが判明した。

順を追って説明しよう。ＹＣ広川には、もともと例外的に「押し紙」が存在しなかった。真村氏に卓越した経営能力があったからだ。

しかし、読売新聞社が大幅な新聞拡販のノルマを課した結果、一時的ではあるがＹＣ広川にも若干の「押し紙」が生じた。そのために真村氏は、コンピュータ上に二六区と呼ばれる架空配達地域を設定し、そこに「住んでいる」架空の読者に新聞（「押し紙」）を配達していることにして、事務処理せざるを得なくなったのである。

もちろん二六区の架空の読者が「購読」する「押し紙」は、定数表の上では、実配部数として読売新聞社に報告された。となれば、それは、虚偽報告とも言える。したがって読売は、裁判では、ＹＣ広川の強制廃業は当然だという論理を展開したのである。

しかし、虚偽報告と主張するからには、読売新聞社がこれらの事務処理の方法を知らなかったということが前提になる。

ところが真村氏は、定数表に記入された実配部数が実態のないものであることを読売新聞社が知っていたはずだと主張した。

なぜ、実配部数が虚偽であることを読売新聞社が知っていたといえるのだろうか。それを説明するためには、読売新聞社が採用してきた新聞購読者数の増減予想の方法に言及しなければならない。

不自然な実配部数の増加

前出の業務報告書（資料⑥）の中に、新聞の新規読者の数と、購読中止読者の数を月ごとに六ヶ月先まで記入する欄がある。これを見れば、近未来の部数増減のおおよそを把握できる。

改めて言うまでもなく、新聞の購読契約を結ぶときに、必ず取り決めなければならないのは、購読を開始する時期である。と、言うのも購読契約を結んでも、実際に購読をスタートするのは翌月からとは限らないからだ。三ヶ月後であったり、四ヶ月後であったりする。

さらに購読期間を三ヶ月にするのか、六ヶ月にするのか、あるいは一年にするのかなどを決めなければならない。

このようなプロセスを経て販売店は読者と新聞の購読契約を結ぶ。と、すれば新規契約を結んだ時点で、販売店は新規読者が何月に購読をスタートして、何月に購読を終了するかを把握できる。

さらに複数の購読契約の内容を集計してデータ化すれば、数ヶ月先まで、各月ごとの新規読者と購読中止者の総数を把握できる。もちろん契約の翌日から購読を開始することも時々あるので、数字は多少変動するが、おおよその数字はかなりの精度で予測できる。

真村氏が作成した二〇〇〇年一二月度の業務報告書によると、ＹＣ広川の場合、部数増減の近未来予想は次のようになっている。

二〇〇一年一月　新規読者　八一部
購読終了者　八四部（マイナス三）部
二月　新規読者　一八部
購読終了者　二八部（マイナス一〇）部
三月　新規読者　一七部
購読終了者　三〇部（マイナス一三）部
四月　新規読者　二七部
購読終了者　四七部（マイナス二〇）部
五月　新規読者　二一部
購読終了者　三五部（マイナス一四）部
六月　新規読者　一九部
購読終了者　四三部（マイナス二四）部

【合計 (マイナス八四) 部】

ここで示されているように、読売新聞社は販売店が提出する業務報告書により、半年先まで部数の増減をかなり正確に予測することができるのだ。

たとえば真村氏は二〇〇〇年一二月に、半年後の二〇〇一年六月の時点で、実配部数が八四部も減ることを業務報告書で報告している。なぜ、八四部も減るのかといえば、新規の購読契約が十分に取れなかったからである(原因は、真村裁判の引き金となったある人物の妨害で、新聞拡張団の派遣が受けられなくなったことである。7章に詳しい)。

ところが不思議なことに、二〇〇一年六月の業務報告書の定数表を見ると、実配部数が八四部減るどころか、逆に六二部も増えているのだ。購読者数が半年後にはトータルで八四部も減ることが、早い段階から報告されているにもかかわらず、二〇〇一年六月の段階では、実配部数が激減するどころか、六二部も増えているのである。

増紙こそ正義

しかし、明らかに数字が不自然であるのに、読売新聞社も真村氏もそれを問題にしていない。なぜ、なのか? ノルマの未達成分を販売店が負担する販売政策が慣行として定着していたからではないだろうか。だからこそ双方とも数字が不自然だとは感じなかったのである。

読売新聞社は基本的に販売店への新聞の送り部数を減らさない。そのことは裁判の中で明らかになった販売局の部長らの次のような言動でも明らかになっている。

「目標達成は全ＹＣの責務である」

「新聞販売業界は増やした者にのみ栄冠があり、減紙をした者は理由の如何を問わず敗残兵となる世界です。まさに『増紙こそ正義』です」

「読売新聞販売店には増紙という言葉はあっても、減紙という言葉はない」

このような方針の下で真村氏は、業務報告書に本当の配達部数を記入することはできなかった。また、定数表に記入された実配部数の「虚偽」について、読売新聞社が真村氏に疑問を呈することもなかった。増部数になった新聞が「押し紙」であっても、それにより読売新聞社が利益を得ていたからではないだろうか。さらに虚偽報告という既成事実を逆手に取ることで販売店主の弱みを握ることが出来るからではないだろうか。

ちなみに真村氏は、部数の虚偽報告については自ら認めている。数字に矛盾が生じているのだから、司法判断になれば確かに虚偽の報告である。それを認めたうえで、読売新聞社は、業務報告書の中の定数表に記された実配部数には、「押し紙」が含まれていることを知っていたと主張したのだ。

裁判所は真村氏の言い分を認めた。すなわち法的に見れば虚偽報告には違いないが、読売新聞社がそれを承知していたと判断したのである。したがってこれを理由に真村氏が解任される理由はないと結論づけた。

なお、虚偽報告をしてまでも真村氏が「押し紙」を引き受けたメリットはなにひとつなかった。ＹＣ広川は、久留米市の郊外に位置している関係で、相対的に折込チラシも少ない。そのために「押し紙」で生じた損害を、折込チラシの水増しで相殺することはできなかった。真村氏は単に読売新聞社の「押し紙」政策に従ったに過ぎなかった。

このように「押し紙」の存在を証拠づける方法も、原告本人や弁護士の努力と研究の結果、非常に高度なレベルになってきた。発注伝票が不在になっているために、「押し紙」の立証は不可能ではないかと考えられてきたのだが、はからずも販売店管理のための業務報告書に記入された数字の矛盾により「押し紙」政策が裏付けられたのである。

真村裁判における「押し紙」政策の立証で、重要なのは、「押し紙」の規模ではない。「押し紙」の規模そのものは、すでに述べたように例外的に少ない。

ここで重要なのは、販売店に余っている過剰な新聞の責任が新聞社にあるのか、それとも販売店にあるのかという議論が続いてきた中で、裁判所が新聞社の責任を認定したことにあるのだ。真村裁判の判決が、画期的な判決と言われるゆえんである。

新型の「押し紙」

最近、明らかになった変則的な「押し紙」についても言及しておこう。福岡市中央区にある

ＹＣ小笹の例である。ＹＣ小笹の「押し紙」については、『新聞があぶない』（花伝社）の中でも紹介したが、その後、真村久三氏らが詳しく実態を分析したところ、まったく新しいトリックの存在が分かった。新しいトリックと言っても、単に今まで気づかなかっただけで、かなり以前から導入されていた可能性もある。

ＹＣ小笹の元店主・塩川茂生氏は、一九九八年五月から二〇〇三年四月まで経営者の座にいた。元々は読売系の新聞セールス・チーム（新聞拡張団）の幹部として働いていたのだが、読売新聞社から強く要請されてＹＣ小笹の店主になった経緯があった。

前任者から塩川氏がＹＣ小笹を引き継いだ一九九八年五月の時点での実配部数は一三八四部だった。しかし、読売新聞社は二三三〇部を送りつけてきた。開業当初から、約一〇〇〇部もの「押し紙」があったのだ。

塩川氏は、読売新聞社に抗議した。と、言うのも店主を引き受ける条件として「押し紙」をしない確約を取り付けていたからだ。しかし、読売新聞社は当初からそれを無視して、二三三〇部の新聞を同年の一一月まで送り続けた。一二月になってよくやく送り部数を一五三〇部まで減らした。それでもなお一五〇〇部から二〇〇〇部程度の「押し紙」が延々と続いたのである。

この間の実配部数は、一四〇〇部程度であるから、「押し紙」率は一〇％前後である。この数字は産経新聞や毎日新聞の「押し紙」に比較すると、決して高いとは言えない。しかし、形を変えた驚くべきトリックが潜んでいたのである。

念を押すまでもなく、新聞購読のタイプは二種類ある。朝刊だけ購読するタイプ（統合版）と、朝・夕刊をセットで購読するタイプ（セット版）である。当然、朝・夕刊からなるセット版の方が購読料も卸値も高い。読売新聞社が、目を着けたのはこの点だった。

本来であれば統合版の読者には統合版を配達して、セット版の読者にはセット版を配達する。ところが読売新聞社はこの基本原則を破って、より卸値が安い統合版の送り部数を故意に減らし、代わりにより卸値が高いセット版を多量に送り続けたのである。その結果、セット版の部数が読者数を大きく上回り、逆に、統合版が読者数を大きく下回ったのである。

そこで塩川氏は過剰になったセット版の朝刊で、統合版の不足を埋め合わせる措置を取った。しかし、集金時には、このような対処を受けた読者に対して、統合版の購読料しか集金できなかった。新聞の購買契約では「統合版の購買」になっていたからだ。それにもかかわらず、新聞社にはセット版の卸値を支払った。

ちなみに福岡市では、セット版の朝刊と統合版（朝刊のみ）では、紙面構成にそれほど大きな違いがないという。それゆえに統合版の読者にセット版の朝刊を配達しても苦情が出ることはない。

具体的にセット版と統合版の送り部数と読者数を比較してみよう。図⑦はセット版の送り部数と実配部数である。送り部数がはるかに実配部数を上回って、一九九八年から二〇〇一年ごろは、約四〇〇〇部が「押し紙」になっている。

この点を念頭において、統合版（朝刊）の送り部数と実配部数を示した図⑧を見てほしい。一九九八年（平成一〇年）の一二月に読売新聞社が約一〇〇〇部の「押し紙」を中止した後、不思議なことに実配部数の方が送り部数よりもはるかに多い状態が延々と続いている。つまり配達する統合版の部数が足りなくなっているのだ。

塩川氏は、この不足分にあたる部数を余分に送りつけられたセット版の朝刊（「押し紙」）で代用していたのである。

つまり読売新聞社は、卸値の安い統合版は少なめに、卸値の高いセット版は多量に販売店に送りつけていたのである。表向きには一〇%程度の「押し紙」のように見えても、統合版の代わりにセット版を押し付けることで、読売新聞社は不当な収益を上げていたのである。

このような手口が暴露されたのは初めてだ。真村氏が言う。

「『押し紙』によって、利益を上げようという読売新聞社の意図が明らかです。これは『押し紙』政策の何よりの証拠です」

真村氏らがＹＣ小笹の損害額を見積もったところ、読売新聞社から支給された補助金を差し引いても、約三〇〇〇万円にもなった。

二〇〇六年の一〇月、塩川氏は読売新聞社に対して総額三四五七万円の損害賠償を求めて「押し紙」裁判を提起した。法廷で初めて新しい形の「押し紙」政策が審議されることになったのである。

図⑦　セット版の送り部数と実売部数（右）
図⑧　統合版の送り部数と実売部数（左）
「定数」は送り部数の意味。「実配数」は実売部数の意味。

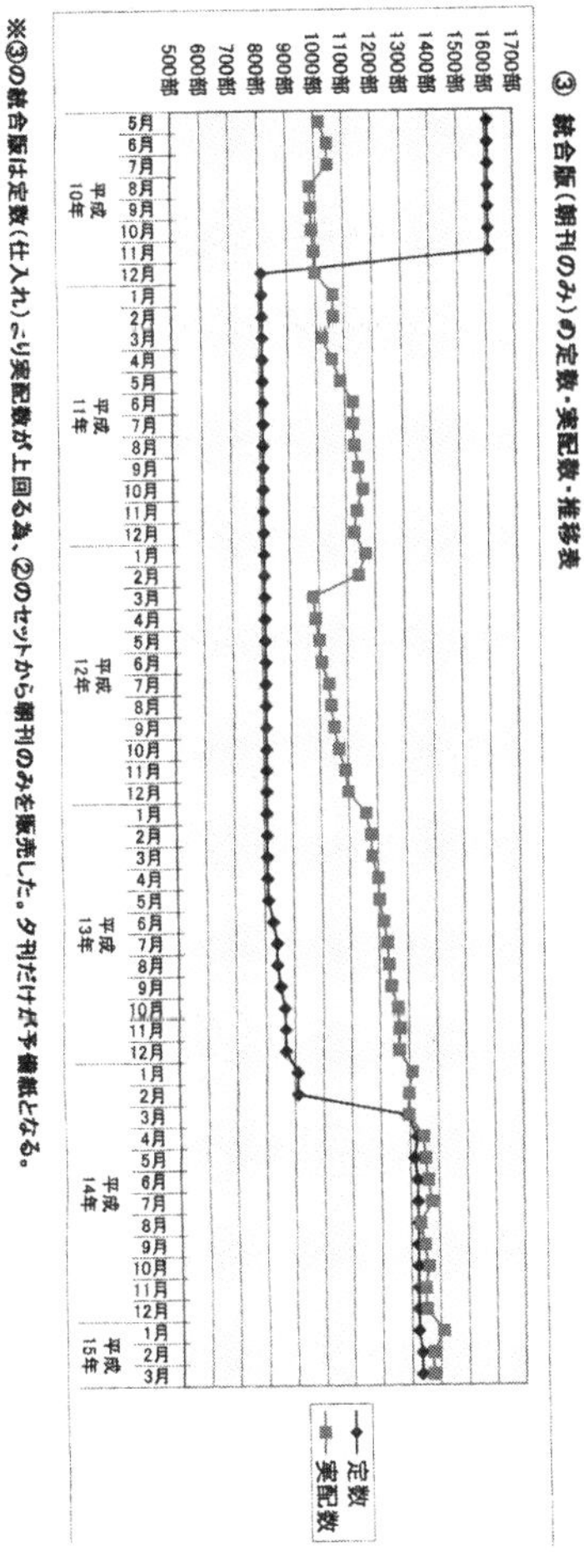

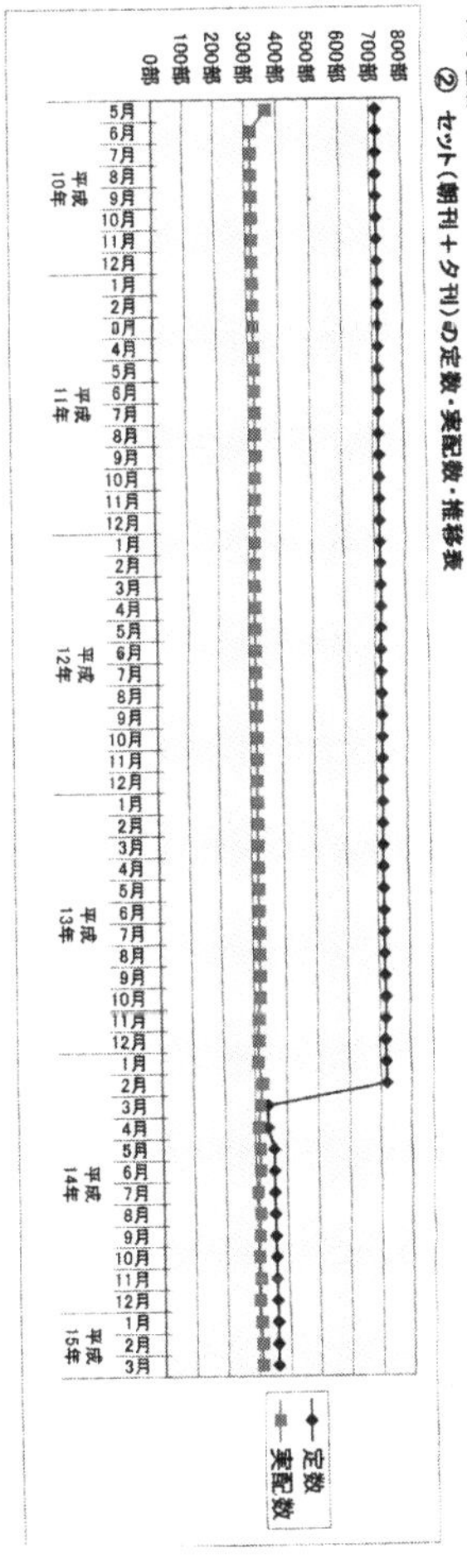

余談になるが、この裁判の中で、読売新聞社の弁護団は、同社が塩川氏に対して半年の間、約一〇〇〇部の「押し紙」を送りつけていた事実を読売新聞社が把握していたことを、裁判の準備書面の中で認めた。「押し紙」政策を考える上で極めて重要なので、その部分を引用してみよう。

原告によるYC小笹店の営業承継後、約六ヶ月にわたって必要最小限度を超えた部数の予備紙が供給されていたことについては、原告と被告との間の合意に基づくものであり、そこには強要なり権利の濫用という要素はない。

つまり読売新聞社は、新聞が約一〇〇〇部も余っている事実を把握していながら、「押し紙」を中止しなかったのだ。その事を自ら認めたのである。それが塩川氏との合意事項だったと言うのだ。

合意事項であったか否かは、今後、法廷で争われることになるが、少なくとも余分な新聞を送ってその卸代金を徴収する「押し紙」政策の存在を認めたことになる。塩川氏との合意事項であろうが、なかろうが、これは明らかな不正行為である。

今西資料の衝撃

「押し紙」を検証する方法として、以上述べたように、中心的な役割を果たしてきたのは、販売店と新聞社の間で交わされる書類である。しかし、他に「押し紙」の実態を調べる方法が存在しないというわけではない。法的に立証するには不十分としても、「押し紙」の実態を知るための方法はいくつかあるので、参考までに紹介しておこう。

もっとも手っ取り早いのは、早朝に新聞販売店を訪問して、自分の目で「押し紙」の実態を確かめることである。「押し紙」は、ビニールの梱包が解かれないまま、販売店の作業所や入口付近に積み上げられていることが多い。

二〇〇七年四月二一日、わたしは早朝に岡山市内の朝日新聞・販売店をいくつか訪れてみた。朝日新聞社については「押し紙」問題をあまり聞いたことがなかったので、果たして事実はどうなのか、自分の目で確かめたかった。その結果、複数のASAで「押し紙」を目撃した。しかも、積み上げられているビニール梱包の数が、一店で優に一〇梱包を超えていた。一梱包に八〇部から一〇〇部の新聞が梱包（中身は「押し紙」）されていると仮定すると、一店あたり一〇〇〇部ぐらいの「押し紙」があるのではないかと推測する。朝日新聞社に関しては、正常販売を実行しているような印象を受けがちだが、わたしは新聞販売に関しては、基本的に他の新聞社と変わりがないと思う。

「押し紙」の収入も計算した上で、一年間の予算編成がなされるので、「押し紙」を排除してしまうと、社会全体に大きな影響が生じかねないのが実情のようだ。

古紙回収業者の伝票で裏付

さらに最近、わたしは古紙回収業者の書類を手がかりに、「押し紙」の実態を把握する試みをしたことがある。

そのきっかけとなったのは、産経新聞・四条畷販売所（大阪府）の元店主、今西龍二氏から、同店の経営に関する全帳簿（以下、「今西資料」）を入手したことである。膨大な帳簿を調べたところ、古紙回収業者の伝票が出てきた。しかも、伝票には四条畷販売所から回収した新聞の量が記入されていたのだ。

四条畷販売所の「押し紙」については、前著『新聞があぶない』（花伝社）に詳しいが、念のために再度実態を紹介しよう。今西氏が同店を経営したのは、一九九二年四月から二〇〇二年六月の期間である。「押し紙」部数は、時期によって異なるが、今西氏本人の話によると、五〇〇〇部の送り部数に対して、二〇〇〇部から三〇〇〇部である。つまり搬入される新聞の約半分は「押し紙」だった。本人の表現をかりれば、

「店舗も寝室も『押し紙』だらけで、新聞に埋もれてしまった」

と、言う状態だった。これらの新聞を大阪地裁は、「押し紙」とは認定しなかったが、今西氏の証言どおり多量の新聞が四条畷販売所にあふれていたことは、古紙回収業者の伝票（資料⑨）で裏付けられる。

この古紙回収業者は、（株）ウエダという大阪府茨木市に本部を持つ会社である。二〇〇一年の四月から六月の期間を対象に、ウエダが四条畷販売所から回収した「押し紙」の量を集計してみよう。

まず、四月は、八回の回収が行われ、回収量は一万五九一〇kgである。トン数にすると約一六トンである。五月は六回の回収で、一万七四四〇kgを回収している。トン数では、約一七トンである。さらに六月は、六回の回収で一万五〇一〇kg。約一五トンという数字になる。

それにしても産経新聞社の「押し紙」の量は凄まじい。わたしは日本の新聞業界全体が産経新聞社と同じ方向へ向かっているような気がしてしかたがない。わたしが「押し紙」問題の取材を始めた一九九七年の時点では、販売店主たちの話から察して、一〇%程度が「押し紙」の平均的な数字だと考えていた。そして二〇〇〇年ごろになると、二〇%ぐらいではないかと推測するようになった。さらに最近は三〇%から四〇%は「押し紙」という話をよくきく。そのためか搬入される新聞の五〇%が「押し紙」という実例に遭遇しても、特に驚く

資料⑨　古紙回収業者の伝票

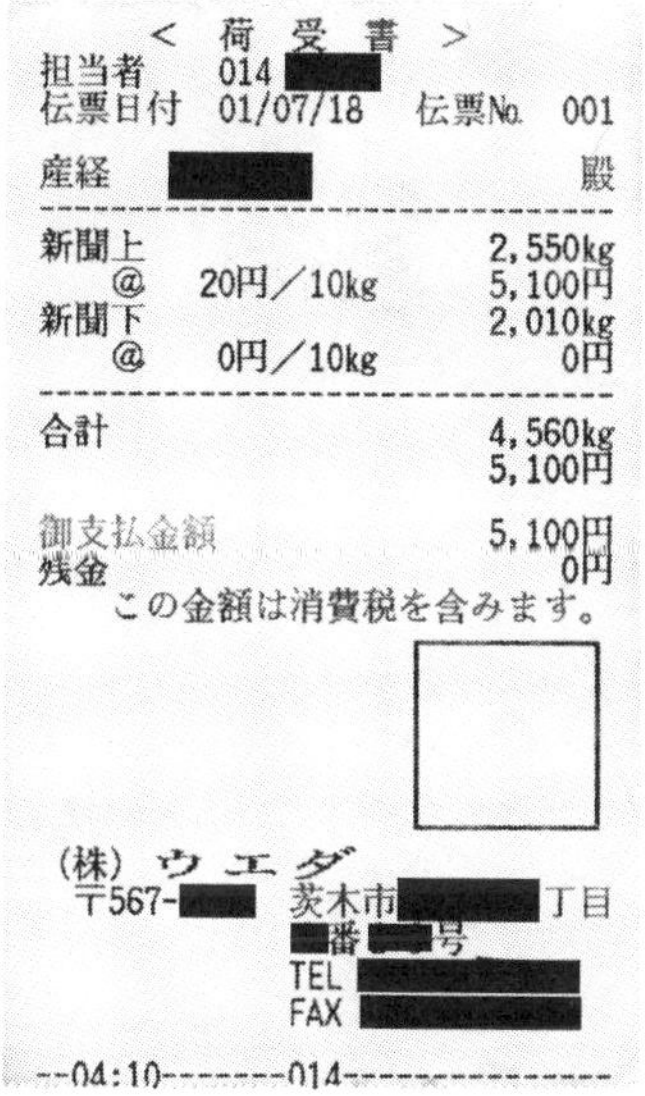

＜ 荷 受 書 ＞
担当者 014 [redacted]
伝票日付 01/07/18 伝票No. 001
産経 [redacted] 殿
新聞上 2,550kg
@ 20円／10kg 5,100円
新聞下 2,010kg
@ 0円／10kg 0円
合計 4,560kg
5,100円
御支払金額 5,100円
残金 0円
この金額は消費税を含みます。
(株) ウエダ
〒567-[redacted] 茨木市[redacted]丁目
[redacted]番[redacted]号
TEL [redacted]
FAX [redacted]
--04:10-------014-------------

こともなくなった。しかも、これらの数字が公式の書類で裏付けられる。単なる推測ではない。

繰り返しになるが、新聞特殊指定が撤廃されて新聞配達が第三者である合売店に委ねられた場合、新聞社は「押し紙」政策を取れなくなる。その結果、これまで隠されてきた「押し紙」の実態がおのずから明らかになる。ＡＢＣ部数も大幅な修正を強いられ、それが紙面広告の媒体価値を低下させるだろう。

その時、新聞社は大幅な減収を招き予算の削減を強いられる。販売局員や新聞記者の大量リストラということにもなりかねない。経営規模そのものの縮小を強いられるだろう。新聞関係者が新聞人としての本来の立場を忘れ、政治家に擦り寄ってまで、新聞特殊指定を死守せざるを得なかったゆえんである。

二〇〇六年上半期のキャンペーンで、新聞関係者が特殊指定の維持を叫びながらも、「押し紙」については絶対にふれようとはしなかった理由がここにあるのだ。

3章　増え続けるチラシ破棄の犯人は誰か

折込チラシが広告主に秘密で捨てられている

新聞関係者が展開した特殊指定を守るキャンペーンで、故意に議論を避けたもうひとつの問題がある。それは「押し紙」と表裏関係にある折込チラシが、広告主に秘密のうちに捨てられている問題である。破棄される折込チラシの枚数は、原則として「押し紙」部数に相応する。

その「押し紙」が増えるメカニズムは大別して二つある。まず、最も一般的なのは、販売店が新聞拡販のノルマを課せられて、その未達成分が「押し紙」に化けるケースである。

たとえば一ヶ月に二〇部の増紙を要請され、八部しか増紙できなければ、差異の一二部が「押し紙」になる。

もうひとつは、読者が新聞の購読を中止したのに、新聞社が依然として販売店に対し、同じ部数の新聞を送り続けるために「押し紙」が増えるケースである。この場合、ノルマ部数が課せられていなくても、減った部数がそのまま「押し紙」に変わる。もっとも新聞社は戸別配達制度を維持しなければならないので、販売店の経営状態を見て、多少は「押し紙」を減らす場合もあるが、完全に正常な商取引に修正することはまずありえない。販売店を「生かさず、殺さず」管理するのが、新聞社・担当員の腕の見せどころだ。

近年、「押し紙」が急激に増えているのは、読者の新聞離れが進んでいるからというのが一般的な見方である。新聞社の中にはすでに方針を転換して、販売店に対してノルマを課し増部数をねらうよりも、現状の部数を維持することを第一の目標に設定している社もあるようだ。

それでもなお新聞ばなれは止まらず、「押し紙」は増えている。

新聞はなぜ読まれなくなってきたか

新聞が読まれなくなってきた原因はどこにあるのだろうか。わたしはその最大の要因は、インターネットの普及だと考えている。新聞は編集して印刷し、さらに運搬して配達するという手続きが必要なので、インターネットに比べて情報の伝達が格段に遅い。しかも、新聞で得られる程度の情報であれば、インターネットで簡単に得られる。それどころかインターネットの情報は、初歩的なものから、専門的なものまでカバーしているので、新聞で得られる情報よりも利用幅が広い。

情報伝達のスピードという面に焦点をあててみても、たとえば二〇〇七年の四月一七日、統一地方選挙の最中に長崎市で発生した伊藤市長の狙撃事件で、市長は深夜に亡くなっているのに、翌日の朝刊は、心肺停止の重体と報じた。編集作業が行われていた時間帯に、市長は生死の間をさまよっていたので、朝刊で「死亡」と報じるわけにはいかなかったのだ。

これに対してテレビやインターネットは、伊藤氏が死亡すると直ちに情報を発信した。

その五日後、統一地方選挙の投票日に朝日新聞・大阪本社は次のような折込チラシを朝刊に折り込んだ。

資料①　チラシ　読者のみなさまへ

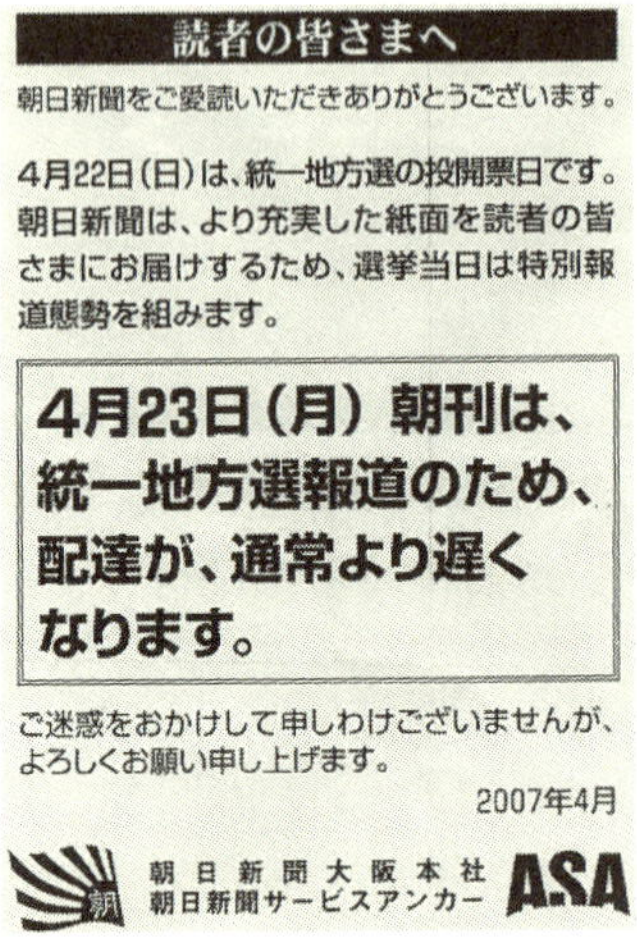
読者の皆さまへ

朝日新聞をご愛読いただきありがとうございます。

4月22日(日)は、統一地方選の投開票日です。朝日新聞は、より充実した紙面を読者の皆さまにお届けするため、選挙当日は特別報道態勢を組みます。

4月23日(月)朝刊は、統一地方選報道のため、配達が、通常より遅くなります。

ご迷惑をおかけして申しわけございませんが、よろしくお願い申し上げます。

2007年4月

朝日新聞大阪本社
朝日新聞サービスアンカー　ASA

読者の皆さまへ

朝日新聞をご愛読いただきありがとうございます。

四月二二日（日）は、統一地方選挙の投開票日です。朝日新聞は、より充実した紙面を読者の皆さまにお届けするため、選挙当日は特別報道態勢を組みます。

四月二三日（月）朝刊は、統一地方選挙報道のため、配達が、通常より遅くなります。

ご迷惑をおかけして申しわけございませんが、よろしくお願い申し上げます。

新聞報道にスピードが欠ける現象は、なにも国内報道に限ったことではない。国際報道になると一層、それがより顕著に現れる。

二〇〇六年の一一月六日から九日にかけて、わたしはインターネットを使ったひとつの実験を試みた。一一月五日に中米のニカラグアで大統領選挙の投票が行われたのだが、日本の新聞とわたしが運営するインターネットのサイト『新聞販売黒書』のどちらが先に、選挙結果を報道できるか試してみたのだ。もっとも新聞社の情報は、現地で特派員が確認するのに対して、わたしが入手する情報は、海外の電子新聞という違いはあるが、情報源は同じなので、比較する上で特に問題があるとは思えない。

余談になるが、ニカラグアでは一九七九年にFSLN（サンディニスタ民族解放戦線）が、親子三代の世襲により約四〇年のあいだ君臨したソモサ王朝を倒し、革命政権を樹立した。これに怒った米国のレーガン政権は、ニカラグアの隣国ホンジュラスを基地の国に変え、コントラと呼ばれる傭兵部隊を養成して、ニカラグアの新政権の転覆に乗り出した。

ニカラグアは内戦状態になり、国土も経済も荒廃した。その結果、革命政権は一九九〇年の暮れに選挙に敗れて野に下った。FSLNが政権を退いたことで内戦も終結して、ニカラグアには、「貧しく寡黙な時代」が戻ってきた。

それから一六年、ラテンアメリカで左翼勢力が急激に台頭してくる流れの中で、ニカラグアでもFSLNが政権に復帰しかねない情況が生まれていた。

結論から先にいえば、大統領選挙の投票は、予定どおりに一一月五日に行われ、FSLNのオルテガ候補が当選した。一六年ぶりにFSLNが政権の座に返り咲いたのである。開票作業で混乱が生じたこともあり、各メディアとも報道が遅れたようだが、まず、最初にオルテガ候補の当選を確実視したのは、キューバの『プレンサ・ラティナ』（電子版）だった。日本時間の一一月七日に、非公式の投票レポートを基にして、オルテガ氏が最終的に四〇・二二％の得票率を占めるのに対して、対立候補のモンテアレグレ氏は三〇・二八％に留まるという予想を発表した。

そして日本時間の一一月八日には、スペインの有力紙『エル・パイス』（電子版）が、開票率が九一・四八％で、オルテガ候補が三八％を獲得し、モンテアレグレ氏がオルテガ候補の勝利を認めたと報道したのだ。同紙は、スペインのゴンザロ首相の祝電まで掲載した。『ニューヨーク・タイムス』（電子版）もはやり八日にオルテガ氏の当選を確実視する報道をしている。

これに対して日本の紙新聞がオルテガ氏の当選を報じたのは、八日の夕刊、あるいは九日の朝刊だった。九日の朝刊の場合は、『プレンサ・ラティナ』（電子版）の報道から実に二日も遅れているのだ。

このように国際報道になってくると、電子新聞と紙新聞の速報性の差は歴然としてくる。

携帯電話会社に弱い日本の新聞社

本当に知りたい情報を素早く手にいれるための手段として、新聞はインターネットには太刀打ちできない。と、すれば紙新聞の価値をどこに見い出すべきなのか。それは調査報道ではないかとわたしは思う。記者クラブで発表された情報を基に記事を書くのではなくて、取材によって新しい問題を発掘していく報道である。あるいは記者の側から取材対象に対して、公開質問状を出すなどしてニュースをつくる攻撃型のジャーナリズムを展開する。このような報道姿勢に徹していれば、部数維持も期待できるかも知れない。

ところが現在の新聞業界は、1章で検証したように公権力との癒着関係があるので、社会問題の追及にも限度がある。ほんのちょっと社説欄などで権力批判のポーズを取って、新聞社が掲げる「正義」や「公正」の看板をアピールすることはあっても、社会問題を露骨にえぐり出したりはできない。

さらに紙面広告による収入が新聞社の全収益の三割から四割程度あるので、取材の対象が広告主になるととたんに筆が鈍くなる。

極端な例をひとつあげれば、携帯電話の基地局（写真②）の問題がある。詳しい説明は、本章の趣旨から外れるので避けるが、携帯電話の基地局（アンテナ）はビルの屋上など、街のいたるところに林立しており、しかもそこからマイクロ波という放射線の一種が放出されている。この問題に取り組んでいる高峰真弁護士によると、「二〇〇四年にイスラエルで行われた調査によれば、携帯電話基地局周辺では、ガン発生率が四・一五倍（女性に限れば一〇・五倍！）になるという驚くべき結果が発表されている」。（『ジャーナリスト』二〇〇七年五月号）

マイクロ波の長期に渡る被爆が、癌などを誘発し

写真②　携帯電話の基地局

かねない危険性は欧米では指摘されているが、日本の新聞はほとんどこの問題を報道していない。

わたしはなぜ報道しないのか不思議に思い、原因を探ってみた。その結果、電話会社が出稿する広告の量が膨大なことに気づいた。

たとえば携帯電話のポータビリティ制度が始まった二〇〇六年一〇月二四日に、NTTドコモとKDDIauなどは、凄まじい量の新聞広告を掲載した。

朝日：NTTドコモ（全面一ページ×二）　AU（全面一ページ）
読売：NTTドコモ（全面一ページ×二）　AU（全面一ページ）
日経：NTTドコモ（全面一ページ×二）　NTTコミュニケーションズ（全面一ページ）
毎日：NTTドコモ（全面一ページ）　AU（全面一ページ）
産経：NTTドコモ（全面一ページ）　AU（全面一ページ）
東京：NTTドコモ（全面一ページ）　AU（全面一ページ）

このうちNTTドコモの広告には、津川雅彦、武豊、朝青龍、宮崎あおいなどの著名人が登場して、笑顔をふりまきながらドコモ製品を宣伝している。

これだけ多量の広告を貰っていれば新聞社は、携帯電話や携帯電話の中継基地、それにマイクロ波の危険性などをテーマとした記事は、皆無ではないにしてもほとんど掲載できない。掲載しても、非常に扱いが小さくなる。まして、特集記事にしたりキャンペーンを張ることなどはまずあり得ない。

これらの問題は、ほんの少数のメディアを除いてだれも触れない。国民の命に関わることこそ率先して報道しなければならないのに、新聞は報道しない。一方、皮肉なことにインターネットでは基地局問題も報道されている。これでは速報性だけではなくて、調査報道でも、インターネットに劣り、新聞の存在価値そのものが疑われる。

さらに新聞離れの原因として、他にはケーブルテレビの普及も大きいとわたしは考えている。月額五〇〇〇円ぐらいの基本料金で、約五〇チャンネルを見ることができる。しかも、スポーツ番組からニュース専門チャンネルや映画専門チャンネルまでそろっている。料金は新聞の購読料よりも若干高い程度である。オプションを加えるとチャンネル数は一〇〇を超えることもある。

このようにインターネットやケーブル放送など新しいメディアが台頭してくるに連れて、新聞はどんどん社会の片隅へ追いやられ、それに伴って「押し紙」が増えているのが実情だ。

チラシが全戸に届かない

なお、新聞ばなれの実態を調べるに際して、ＡＢＣ部数はあまり参考にならない。「押し紙」

を含んだ部数であるからだ。実際、新聞ばなれがこれだけ取り沙汰されながら、ABC部数が増えている新聞もある。

たとえば二〇〇一年一一月の時点における産経新聞のABC部数は、二〇二万二四〇五部だったが、二〇〇六年一〇月の時点では、二一六万九四六八部になっている。実に一四万部以上も増えているのだ。また、毎日新聞の場合も同じ期間に、約六万部増えている。

わたしはこれらの数字には、相当の「押し紙」が含まれていると推測している。

このような状況の下で新聞ばなれの実態を把握するには、大がかりなアンケート調査をする以外に方法はないかも知れない。それが不可能となれば、日頃から新聞ばなれが誘発する現象を観察するより方法がない。

たとえば東京都の北区における新聞ばなれの実態は、北区が発行する広報紙の配布方法の変更という形で現れた。北区は月に三回、一日、一〇日、それに二〇日に区民向けの広報紙『北区ニュース』を発行している。配布方法は、二〇〇七年の三月までは、一日付けと一〇日付けについては、町の自治会を通じて配布し、二〇日付けは、新聞折込の形で配布していた。ところが新聞の購読者が減ったために、新聞折込による配布では、広報紙が届かないという苦情が相次いだらしい。そこで二〇日付けの広報紙の配布を、ポスティング業者による全戸配布に切り替えたのである。

さらに次のような例もある。二〇〇六年の暮れにわたしは、偶然に新聞ばなれについて不動産業者と話す機会があった。

不動産物件を借りるために、不動産業会社の車で目的地へ向かっていた時のことである。担当者が車を運転して、わたしは助手席にいた。後部座席には、不動産業会社の若い社員が乗っていたが、チラシを抱えて途中下車した。車が再び動き始めると、わたしは、

「なぜ、新聞に折り込まないのですか？」

と、尋ねてみた。

「新聞に折り込んでも、全戸に行き渡りませんから」

「いつから新聞折込を中止したんですか？」

「今年に入ってからです。今、新聞を取っていないひと多いでしょ。特に単身でアパートやマンションに住んでいるひとは、ほとんど新聞を購読していないのと違いますか」

言外に新聞折込では、チラシの配布そのものに限界があると言っているのだ。新聞ばなれの影響が思わぬところに現れているといえよう。

さらに二〇〇七年四月、滋賀県で新聞販売店の取材をしたとき、大津市のＹＣ浜大津の岸塚隆一所長から、わたしはこんな話を聞いた。大津市で二〇〇世帯の分譲マンションが完成した。そこで新聞購読者を募るために、マンションの管理組合と交渉して、各系統の販売店が共同でロビーに机をひとつ置かせてもらった。

入居者の大半は若い世代である。三〇〇〇万円を下回るマンションの分譲価格からして、入

居者の収入はそれほど高くはないと推測される。そんなこともあってか、二〇〇世帯のうち新聞の購読契約をしたのは、たった二六世帯だった。内訳は次のとおりである。

読売新聞：一七世帯
朝日新聞：七世帯
京都新聞：二世帯

折込チラシの水増の責任はどこにあるのか

新聞ばなれによって「押し紙」が増えると、それに比例して折込チラシの水増し率が高くなる。と、なれば「押し紙」問題は、新聞業界の枠を超えて、多数の広告主をも巻き込んでしまう。

そのためなのか新聞社は「押し紙」の責任は販売店にあると公言してきた。具体的には、販売店が折込チラシの発注量を増やして不正な水増し手数料を得るために、「押し紙」をみずから買い取っているという主張である。実にバカげた詭弁だが、新聞社は「押し紙」裁判の場でも、このような主張を繰り返してきた。

しかし、彼らの論理に正当性があるか否かは、新聞社の下部に位置する自社の販売会社に対しても、同じように「押し紙」政策を実施しているかどうかを調べればすぐに判明する。新聞社とその販売会社は、身内であるから「押し紙」は無意味のようにも思われるが、「押し紙」に付随している折込チラシを水増しすることで収入を得るので、やはりメリットはある。

新聞社が主張してきたように、販売店が主導して折込チラシの水増しを行っているとすれば、新聞社の取引先が販売店から、自社の販売会社に切り替わった時点で、不正行為がなくなるはずだ。依然として同じ不正取引が続くようであれば、「押し紙」は新聞社が利益を得るために主導して工作してきた結果と考えざるを得ないだろう。

写真③「押し紙」と折込チラシを回収するトラック

この点を、わたしは岡山市を例に検証してみた。岡山市を検証地点に選んだのは、地元の山陽新聞社の販売店がかなり販売会社に組み入れられている上に、たまたま岡山市民からある衝撃的なビデオＣＤが送られてきたからだ。

ビデオ撮影の舞台は岡山市の山陽新聞・販売店である。ビデオカメラは、販売店の中で店員が折込チラシの束を段ボール箱に詰め込み、ビニールひもで縛り、トラックに積み込む場面を捉えていた。トラックの荷台は、段ボール箱で一杯になっている。わざわざチラシを段ボールに詰めるのは、人目を避けるためだ。

ちなみに大半の販売店では、余った折込チラシを段ボールに入れる代わりに、新聞で包装して古紙回収業者に引き渡す。（写真③）これもやはり中身を隠すのが目的だ。

トラックの行き先を岡山市の知人に車で追跡してもらったが、途中で振り切られてうまくいかなかった。瀬戸大橋を渡った向こう側、香川県に山陽新聞社の株主である大王製紙の工場があり、そこへ運ばれているらしいという噂はあるが、確認することはできなかった。

選挙公報の水増

山陽新聞社の販売会社には、本当に「押し紙」があり、折込チラシの水増しが行なわれているのだろうか——。

二〇〇七年四月一九日、わたしは市議選が行われている岡山市に入った。この日の朝刊各紙に、選挙公報が折り込まれていた。

わたしは、市庁舎の中にある選挙管理委員会に足を運び、職員から新聞折込に関する基本的な情報を入手した。

※新聞折込部数：　二六万三六五〇部
※新聞折込を依頼した新聞：　山陽、朝日、読売、毎日、産経、日経
※折込手数料：　四一三万七〇〇〇円

何を基準にして、折込部数を決めたのか職員に尋ねてみると、

「ABC部数に基づいています」

と、言う答えが返ってきた。

しかし、ABC部数のデータと選挙管理委員会が示した折込部数を比較してみると、新聞折込の基本原則すら守られていないことが分かった。新聞折込の対象になった選挙公報の部数が、ABC部数を上回っていたのだ。

都市別のABC部数は、年に二回発表されるので、今回の選挙公報の折込部数は、二〇〇六年一〇月のデータに準じる。それによると岡山市における六紙のABC部数の合計は、二五万三三四〇部しかない。これに対して選挙管理委員会が新聞折込を依頼した選挙公報の部数は、二六万三五六〇部だから、選挙公報の方が約一万部も多い。ただ、この一万部は予備紙とも解釈できるので、大目に見れば一応の許容範囲とも考え得る。

と、すれば何を基準に選挙公報が水増しされているかどうかを、判断すべきなのだろうか。

改めて言うまでもなく、それは山陽新聞社の販売会社の店舗に「押し紙」があるかどうかである。

わたしは早朝に店舗へ足を運び、「押し紙」の有無を自分の目で確認することにした。プライバシーの問題があるので、店舗名は明かさないが、抜き打ち的に数軒の店舗を訪れて、自分の眼で「押し紙」を確認した。

このうち、たとえば岡山東販売株式会社の店舗の入口付近には、包装したままの新聞（写真④）が積み上げられていた。これらの新聞束は、ビニールで梱包されたままであり、ほぼ「押し紙」と断定できる。「押し紙」以外の新聞は、運送トラックから降ろされるとただちに、作業台へ運ばれ折込チラシが折り込まれるからだ。

写真④　包装したままの新聞

このように新聞社とその販売会社との間でも、「押し紙」とチラシ詐欺を媒体とした「ぎまん商法」が行われているのだ。しかも、同じグループ企業の中での「押し紙」の売買であるから、資金が身内で移動するだけで、それによってグループが損失をこうむることはない。一方、折込チラシの水増し収入はそのままグループの収入になる。

改めて言うまでもなく、選挙公報以外の折込類も同じ運命をたどっている。たとえば岡山県の広報紙『晴れの国岡山』もやはり新聞折込のかたちで、配布されている。そして水増し分の折込手数料も徴収されている。

新聞社が主導して「押し紙」政策を実施

念のために別の地域にある販売会社の「押し紙」と折込チラシの不正についても調べてみた。わたしが選択したのは、兵庫県西宮市にある朝日新聞社の販売会社・朝日新聞N販売株式会社（以下、N販売）である。この販売会社は西宮市を中心に一二の店舗をもっている。

関係者の話によるとN販売にも相当の「押し紙」が存在して、水曜日と土曜日の早朝に古紙回収業者のトラックが回収しているという。「押し紙」の実態を自分の目で確認するために、わたしはN販売の店舗のひとつであるＡＳＡ西宮北口へ足を運んだ。

店舗が入っているビルの裏側へ回ると、やはりビニールで梱包した新聞が積み上げられていた。（写真⑤）朝日新聞社もやはり自社の販売会社に対しても「押し紙」政策を採用していることが明確になった。「押し紙」に相応する折込チラシの水増し料が社の収益になっている公算が極めて強い。

このように販売会社の実態を調べてみると、新聞社が主導して「押し紙」政策を実施して折込チラシ水増しによる不正な利益を得ている事実が見えてくる。

写真⑤　ビニール袋に入った新聞

広告代理店からのクレーム

最近、折込定数が新聞の実配部数を反映していないことに対して、広告代理店や販売店からも苦情が出るようになったという話も聞く。具体的に広告代理店が折込チラシの水増しで、迷惑を被っている例を紹介しよう。この広告代理店・G社は毎日新聞社の広告代理店である毎日メディアサービスの下請けとして広告営業などを行っている。

広告代理店・G社が問題にしたのは、九州を中心に外食のチェーン店を展開するS社の折込チラシで、毎日新聞のB販売店に搬入されていたものである。

発端は、S社から広告代理店・G社に対して折込チラシの配布枚数について、依頼した枚数の半分位しか配布されていないのではとのクレームが付いたことである。そこで広告代理店・G社の担当者は、B販売店に宛てて内容証明のかたちで問い合わせた。短い文書なので、全文を引用してみよう。

前略、私は、××市××に住む××と申します。広告代理店G社で営業課長をしています。私が担当しているS社より毎日新聞西部本社のB販売店の折り込み部数が折り込み部数表の半分ぐらいしかないのではとのクレームがつき、私としましては返事に、苦慮している次第です。

毎日メディア様に問い合わせた所、新聞社が発表するＡＢＣ調査に基づいて折込の手配をしているだけで、折込センター（黒薮注：毎日メディアサービスを意味する。）としては、新聞の実配部数については一切知らないとの返事でした。しかし、私はかなり正確な証拠とデータ（黒薮注：B販売店の実配部数についての証拠とデータの意味）を見せられていますので、クレーム内容が事実ならば、折込代、紙代、印刷代と色々と難しい事態になりかねず、非常に危惧しております。つきましては、詳しい説明をすべく至急御返事下さい。貴殿の誠意ある正確な答弁をおまちしています。（黒薮注：表記は意味を変えない範囲で一部修正した。）

新聞に折り込まれないチラシもトラック回収

広告代理店・G社は、B販売店に対して説明を求めているが、責任の所在は「押し紙」政策を実施している毎日新聞社にある。

より詳しく折込チラシ水増しの実態を検証してみよう。クローズアップするのは、二〇〇五年六月二六日の折込チラシの枚数である。この日、毎日メディアサービスはB販売店に対してS社のチラシを二〇五〇枚搬入している。

本来であれば、B販売店はこの二〇五〇枚の折込チラシを二〇五〇部の新聞に折り込んで配達しなければならない。ところが実際に配達された新聞の部数は、販売店の元アルバイト社員の女性によると、一一五〇部前後しかなかった。相当量のS社のチラシが新聞に折り込まれないまま、トラックで回収されたと推定される。そのトラックも写真撮影されている。

ちなみにこのアルバイトの女性が折込チラシの配布枚数について知っているのは、チラシの自動折込機を操作していたからである。彼女が保管していたメモにも、地域別の枚数が記録されている。これらの数字を合計すると一一七五枚にしかならない。

念のためにわたしは毎日新聞・西部本社の販売局に事情を直接問い合わせてみた。あいにく担当者とコンタクトが取れないので、同僚の方に、

「わたしの方で把握しているB販売店の実配部数は約一二〇〇部だが、間違いがあるようなら、連絡してほしい」

と、伝えておいた。しかし、何度も催促したにもかかわらず、結局、連絡はなかった。

一方、毎日新聞社の代理人弁護士は、ある裁判の準備書面で「押し紙」とチラシ詐欺の関係について次のように記述し、折込チラシ水増しの実態を認めている。


問題は、広告主(依頼者)の側からすれば、新聞紙の数に比例した広告料を支払うのであるから、残紙分については無駄な料金を支払っているというのが現実である。ただこのことは、日本における新聞販売店全体に通ずる構造的なものであり、一定の範囲ではやむを得ない問題である(一時的に数が多くなることはある)。

広告主の対策

参考までにB販売店へ送られた折込チラシの配送明細書を紹介しておこう（資料⑥）。

ブランド企業の名が並んでいる。このように折込チラシの問題は、新聞業界の外側に位置する業種をも巻き込んでいるのだ。

ちなみに現在、広告主がチラシ詐欺に対して取っている対策は二つある。まず、ひとつは折込チラシの依頼枚数を自主的に減らす方法である。山陽新聞・販売店の元店主が言う。

「広告主の中には、折込チラシを依頼するとき、折込定数よりも一割から二割ぐらい少なめの枚数で発注するひとがいます。ただ、公報類は折込定数どおりの枚数です。ABC部数を基準にしているからです。パチンコ屋さんも、折込定数どうりに発注する業者が大部分です。ですからパチンコ屋さんのチラシは、かなり多量に破棄されているはずです」

広告主が自主的に取り始めたもうひとつの対策は、新聞折込によるチラシの配布を中止して、ポスティング業者による全戸配布に切り替えることである。この動きに対して新聞社は過剰に反応している。

ポスティング業者の台頭

東京・清瀬市に拠点を置くポスティング業者・地域広告社の井前隆志社長が言う。

「わたしは、もともと朝日新聞の販売店を経営していたのですが、強制廃業させられた後、ポ

資料⑥　広告主一覧　新聞の配達部数は約 1200 部だった。これに対して折込チラシの枚数が 2000 枚を超えているケースもある。

配送明細書(納品書)

[redacted] コース
[redacted] 様

配送日　平成 17年05月02日

折込日	広　告　名	タイトル名	サイズ	折込部数	個口数
05/03(火)	スピナ全店合同	ゴールデンウィーク大バーゲン	B3	1,000	
	Ｍｒ　Ｍａｘ　富野店	子供の日スペシャル	B4	1,850	
	ナフコ　富野店		B3	2,150	
	小倉伊勢丹	5/4号	B3	2,100	
	小倉井筒屋　母の日/ﾍﾞﾋﾞｰ子供服	4日～	B3	1,750	
	グルメシティ三萩野店	5/3～10ＳＭ酒のディスカウント	B4	1,950	
	ダイエー徳力・城野店　　　ケ	5/3～5ＧＭＳＧＷ特集	B3	2,100	
	ハローディ　霧ヶ丘店		B3	400	
	ドコモショップ 徳力店		B4	1,900	
	ヤマダ電機テックランド	北九州小倉店 (Y07K) 80	B4	2,100	
	ユニクロ　チャチャタウン小倉・	曽根バイパス店	B3	2,100	
	コーエイ 片野店	売出し日　５／３日～５／６日	B3	2,250	
	ミスタードーナツ	小倉砂津・小倉魚町・ＪＲ小倉店	B4	2,080	
	小僧寿し　志徳若園黄金町	徳力アピロス（ＧＯＧＯフェア）	B4	600	
	ＪＵ福岡	中古車ビッグフェア２００５	B3	1,530	
	ａｕショップ	丸和曽根店・重住店	B4	1,870	
	マツモトキヨシ	ＲＷ北九州フードパオ店	B3	860	
	紳士服のはるやま　徳力店	Ｃ	B3	2,000	
	ライトオン小倉チャチャタウン店	３３	B3	1,400	
	太平工業　アメニス自由ヶ丘	先着順受付中	B4	2,070	
	スーパーなかの　白銀店		B4	2,100	
	ふく鮨三太郎　北九州本店	「ｺﾞｰﾙﾃﾞﾝｳｨｰｸ三太郎」チラシ	B4	1,290	
	ザザホラヤ片野店 改装開店		B4	1,650	
	大英産業　アクアサージュ大手町	最終章チラシ	B3	2,070	
	東宝住宅／足立		B2	2,080	
	25 件	小計		43,250 枚	
05/04(水)	大塚家具　小倉ショールーム	(A1+A2ｴﾘｱ) 白ﾋｷ 05-5S1	B3	2,010	
	ルミエール　小倉南店		B4	1,810	
	ヤマダ電機テックランド	北九州小倉店 (ﾀﾞｲｸﾏ･ｽﾎﾟｯﾄ)	B3	2,100	
	エルセーヌ　アイム小倉店		B3	1,260	
	ＴＢＣ	Ａ	B4	2,000	
	SC TRiAL 北九州空港バイパス店		B4	1,000	
	6 件	小計		10,180 枚	
05/05(木)	Ａファーム	母の日フェア　５／５～８	B4	1,500	
	真正　振圧針療法指導Ｃ（Ｆ）	厚生年金会館ウェルシティー小倉	B4	2,020	
	マルショク大畠・富野・白銀店	５／５～	B4	2,000	
	ダイエー徳力・城野店　　　ア	5/5～8GMS３ライン合同Ｂ２版	B2	2,100	
	グルメシティ三萩野店　　　Ａ	5/5～7ＳＭ子供の日メニュー	B4	1,950	
	カメラのキタムラ小倉／湯川店	本日-5/15	B4	1,860	
	スロットクラブＭＡＸ小倉店		B4	2,300	
	スーパーなかの　白銀店		B4	2,100	
	オーパ全店		B4	2,300	
	トクナガ家具　小倉店		B4	1,000	
	ピザーラ小倉北店	子供の日	B3	1,850	
	エモト綜合園芸センター		B4	2,000	
	12 件	小計		22,980 枚	

スティング業を立ち上げました。すると朝日新聞社のかつての担当員が様子をうかがいにやってきました。その直後、知り合いの販売店主から、抗議めいた電話がありました。警戒するあまり、わたしがポスティング業を始めたという情報を近隣の販売店へ流したのでしょうね」

さらに井前氏はポスティング業を軌道に乗せるまでに、意外な壁に突き当たったという。

「チラシを束ねる自動折込機を購入しようとしたところ、『もともと新聞社からの依頼で開発した機械なので、新聞販売店以外には販売出来ない規則になっている』と言われたのです」

どのメーカーに問い合わせても同じ答えが返ってきたという。

やむなく井前氏はインターネットのオークションを通じて、愛媛県の市民新聞の社主から機械を入手した。しかし、自分でメンテナンスはできない。そこでメーカーに依頼してみたが、やはり断られたという。

ポスティング業者の台頭が今後、新聞社の運命を左右しかねないだけに、新聞業界と機械メーカー各社の間に、何か密約が交わされているのかも知れない。

さもなければ、独禁法に抵触しかねない販売先を拘束した取り引きが行われるはずがない。

ポスティング業者の大半は機械を入手できずに、チラシの手折り作業を強いられているという。機械が開発される前の時代に、新聞販売店で行われていた方法だ。折込チラシの問題を媒体として、相互の権益がぶつかり合い見苦しい対立が生まれている。

「押し紙」と表裏関係にある折込チラシの水増し詐欺は、正面から向き合わなければならない新聞業界の大問題であるはずだが、新聞業界は問題の所在すら未だに認めていない。特殊指定を守るキャンペーンの中でも、まったく自己検証しなかった。

4章　「押し紙」と環境破壊

紙資源の大量破壊

「押し紙」政策について考えるとき、欠落しがちなのが、環境問題の視点である。「押し紙」による紙資源の大量破壊を、どのように考えるべきなのだろうか。特に地球温暖化が指摘される現代の状況の下では、避けることができない問題と言えよう。

朝日新聞社が作成した「環境報告書二〇〇六」によると、同社は「国民の意識を先取りした環境先進企業」になることを目指すという。これに先だって、朝日新聞社は二〇〇一年の元旦に「朝日新聞環境憲章」を制定して、「環境先進企業となるべく、全社をあげて環境改善に努める」ことを宣言している。

いわば「環境報告書二〇〇六」は、こうした流れの線上に位置づけられる。

二〇〇六年度の「環境行動計画」は、次の柱からなる。

1　CO_2の一〇%削減計画を推進します。

2　オール朝日で環境行動に取り組みます。

3　紙を大事に使います。

4　オフィスの環境ＩＳＯを導入するかどうか検討します。

「紙を大事に使います」と宣言しているのには驚いた。新聞業界では、「押し紙」による紙の無駄使いが日常化しているからだ。もちろんＡＳＡにも「押し紙」は存在している。しかし、新聞社が「押し紙」を報じたことは一度もない。日本新聞協会に至っては、「押し紙」には関知しないという立場を取っている。

ところが意外なことに新聞社の中には、環境問題の取り組みを高らかに宣言する社が多い。たとえば中央紙の場合、朝日新聞社だけではなくて、毎日新聞社も読売新聞社も紙面やネットで環境問題を重視する姿勢を「宣伝」している。

このうち読売新聞社は、ＹＣによる古紙回収事業を自賛して、自社のネットで次のように報じている。

新聞は「リサイクルの優等生」です。読売新聞販売店による古紙回収は、新聞社でも早い一九八二年に始まりました。二〇〇五年は、東京本社管内（北海道、中部含む）で、月間二万四〇〇〇トンもの新聞古紙を回収しました。回収率は年々増えています。

ちなみに新聞販売店が古紙を回収するのは、読売新聞社のケースに限ったことではない。人員不足なのか、この作業には新聞奨学生らも動員されているようだ。過去に読売新聞社の奨学生が、古紙回収作業の後に意識を失い、搬送先の病院で亡くなったケースもある。この出来事は、後に過労死裁判になり、新聞奨学生の過酷な労働実態について考えるきっかけとなった。

回収できる新聞は、配達した新聞の一部でしかない。念を押すまでもなく古紙回収を推進をするよりも、「押し紙」を廃止した方が無駄がない。しかし、「押し紙」を中止すれば、新聞社の販売収入が激減するので、選択肢にはないようだ。

「押し紙」ほどもったいないものはない

さらに毎日新聞社は、「MOTTAINAIキャンペーン」と呼ばれる環境保全運動を展開している。この運動の発端は、ノーベル平和賞の受賞者であるワンガリ・マータイさんが「もったいない」という日本語に感銘を受けたことだったという。わたしは「押し紙」ほどもったいないものはないと思う。特に毎日新聞社の「押し紙」は他社と比較しても特に量が多いので、毎日新聞社が環境破壊を引き起こす企業の烙印を押されても不思議はない。しかし、実際はその毎日新聞社が環境保全のキャンペーンを展開しているのだ。

新聞の制作に使われる紙の原料は、森林を伐採することで確保される。地球温暖化の問題が取り沙汰されるにつれて、紙資源の無駄使いが大きな問題になってきたゆえんである。

ジャーナリストの小板橋二郎氏が『新聞ジャーナリズムの危機』（かや書房）の中で試みたシミュレーションによると、読売新聞と朝日新聞が使う紙だけで、一一六ヘクタールのゴルフ場（東京・神奈川のゴルフ場の平均的な広さ）に相当する森林を、二・三日でひとつ消費している計算になるという。紙面を使って環境保全を重視する自社の姿勢をPRしながら、その裏側では多量の紙を無駄にしているのだ。これこそが、言っている事と、やっている事が一八〇度逆になっている典型的な例だ。

新聞社が取り組んでいるこれら一連のキャンペーンの目的は何だろうか。

わたしは新聞社が自らのイメージをよくして、新聞の部数を増やすために環境問題をＰＲの手段に使っているのではないかという気がする。本当の目的は環境保全ではなくて、企業の宣伝である。

部数至上主義の中で、新聞社が自らをテレビのコマーシャルで宣伝することすらも当たり前になってしまった。朝日新聞社のジャーナリスト宣言は、その典型と言えよう。

言葉に救われた。
言葉に背中を押された。
言葉に涙を流した。
言葉は人を動かす。
私たちは信じている、言葉のチカラを。
ジャーナリスト宣言

作家の辺見庸氏はジャーナリスト宣言について、「鳥肌が立ちます。恥ずかしく、うそ寒く、薄気味が悪いから。ぼくが朝日の人間なら愧死しそうになるでしょう」（『現代』二〇〇六年一〇月号）と述べている。

ジャーナリスト宣言も環境保全の取り組みも、根は同じである。部数至上主義を前提とした新聞社のイメージアップ作戦に他ならない。

一日に全国で破棄される「押し紙」の量を、新聞発行部数の三割と推定すれば、約一五〇〇万部にもなる。この一五〇〇万部に平均して一〇枚の折込チラシがセットされるとすれば、破棄される折込チラシの枚数は一億五〇〇〇万枚にもなる。たった一日でこれだけ紙の無駄づかいをしている企業は、新聞社の他にはない。

「押し紙」の回収業者

大阪府茨木市の郊外に京阪神地方で有名なウエダという「押し紙」回収業者がある。高架道路になった大阪高槻京都線を下りると、すぐそこに正面口が控えている。交通の便利を考慮して幹線道路の近くに新聞の収集場を設置したのではないかと思う。

二〇〇七年四月一一日の午後三時、わたしはウエダの正面口の前に立った。郵便受けに「猛犬に注意」の表示が出ている。

倉庫の前にはトラックが止まり、荷台でひとりの作業員が荷下ろしの作業を行っている。運ばれてきた新聞は真新しい。古紙であれば、汚れて薄汚いイメージがあるのだが。どういう事情なのかは不明だが、わたしが観察した限りでは、「押し紙」に特有のビニール包装は解かれていた。したがって折込チラシの可能性もある。

ウエダの設立は、一九九三年三月である。しかし、一九八〇年代に国会を舞台に共産党、公明党、それに社会党が展開した新聞問題の追及の中で、ウエダという名称の「押し紙」回収業者の名前が登場するので、もし、両者が同一の組織であれば、個人業として展開していた事業を、会社組織に改めて展開するようになったと推測できる。

一九九三年は、バブル経済が崩壊した時期である。長いスタンスで見れば、景気の低迷と共にゆるやかに新聞離れが進み、「押し紙」が急増し始めた時期とも推測される。その受け皿として、ウエダが台頭してきたのかも知れない。

「押し紙」の回収業者がいなければ、販売店に新聞が溢れかえって大問題になるので、業者を単純に批判するわけにはいかないが、「押し紙」回収の事業が立派に成り立つ産業構造は、やはり異常だ。

わたしの手元に財団法人古紙再生促進センターが作成した古紙輸出に関するデータがある。それによると、古紙は日本の製紙工場へ運ばれるだけではなくて、海外へも輸出されている。ここで意味している古紙とは、古紙回収業者によって、回収されたすべての新聞を意味する。当然、「押し紙」も含んでいる。

紙の原料として輸出された新聞は二〇〇六年度の場合、約六四万一〇〇〇トンである。輸出先の第一位は中国で、五五万六〇〇〇トンである。二位は台湾の九八二トン。以下、大韓民国、インドネシア、フィリピンの順番である。

数年前にわたしが取材したことがある愛知県の古紙回収業者が、古紙の輸出について驚くべき裏話を教えてくれた。

「実は中国が著しい経済成長を遂げる前の時期には輸出先がなくて、回収した『押し紙』を燃やしていたんです。燃やして供給を減らさなければ、製紙工場へ持ち込んでも取引価格が安すぎて採算が合わなかったからです。今は中国という貿易相手があるのでなんとかやれますが」

意外な「押し紙」の用途

しかし、「押し紙」は必ずしも古紙回収業者によって回収され、製紙工場へ運ばれるとは限らない。販売店が古紙業者に売っても一〇キロあたり二〇円程度で、ほとんど値がつかないため、新聞紙を必要とする職種の人に無償提供したり、景品がわりのサービス品として提供しているケースもある。

九州地区のある販売店主が言う。

「わたしの店では、塗装業者やバラを栽培している農家から乞われて、無料で『押し紙』を提供していた時期がありました。『押し紙』はまったくの不要物ですから、おおいに利用してもらったわけです」

「どのような用途があるのですか？」

「塗装業者の場合、塗装作業をするとき、ペンキがかかってはいけない部分をマスキングする必要があります。家の外壁を塗装する場合は、窓を新聞でマスキングします。車の塗装でも、やはり窓をマスキングします。そのマスキングを『押し紙』を使ってやるわけです。また、バラ農家は、市場へ出荷するバラの梱包に『押し紙』を使うようです」

これらの用途には、一日、配達され、読み捨てられた新聞で十分に間に合うが、やはり人の手あかがついた古紙よりも、ビニール梱包が解かれていない新品の新聞を選びたいというのが人情なのだろう。

犬の繁殖業者にも提供

犬の繁殖業者へも「押し紙」が提供されている。わたしが初めてこの話を耳にしたのは、二〇〇六年の八月だった。新聞販売黒書の読者から次のような趣旨の情報提供があった。

「販売店に住み込みで働いていた人から聞いた話ですが、犬の繁殖業者が「押し紙」をもらいにきているようです。どの程度の頻度で取りにきていたのかは、分かりません。販売店の倉庫が、余った新聞ですぐに一杯になるので困るとも話しています」

わたしは知り合いの販売店主さんたちに、犬の繁殖業者が「押し紙」を回収している実態は一般化しているのか尋ねてみた。すると犬の繁殖業者に「押し紙」を提供していると答えた店主さんがかなりいた。ただ、「押し紙」全体の割合からすれば、量はそれほど多くはないという。

前述した九州の販売店主さんも、「押し紙」を再利用のため犬の繁殖業者へ提供している一人だ。

「月に二〜三回、知り合いの繁殖業者が『押し紙』を取りにくるので、ビニールで梱包された新聞の束を五つか六つ差し上げていました。『新聞はいくらあっても足らない』と話していました」

「何に使うのでしょうか」

「便の処理ですよ」

繁殖業者の犬舎への新聞普及率は、まさに一〇〇%といっても過言ではない。

写真① 犬を飼っている人が新聞を一次利用するケースもある。

「犬」「新聞紙」をヤフーで検索してみると、二七万三〇〇〇件ものホームページが出てきた。その中には、犬の繁殖業者が宣伝用に作成したものもある。たとえば鹿児島県のソルトン犬舎という業者のホームページでは、新聞紙の用途を次のように説明している。

ソルトンでは生まれてから（黒薮注：犬を）お渡しするまで新聞紙の上で育てています。

そうすると新聞の上で排便、排尿する習慣が付きます。これを〝すみつけ〟といいます。お渡しするまでには当犬舎で、七〇〜八〇％新聞紙の上に（黒薮注：排便を）します。常に新しい新聞紙を敷いてやらねばならず大変な労力と時間が必要ですが、そのために犬と接する機会が多くなるので人に慣れた犬に仕上がります。

排便のしつけに多量の新聞紙を使っているというのだ。

ちなみに自宅で犬を飼っている人も新聞紙を活用している。たとえば犬を散歩に連れ出す時は、排便に備えて、ビニール袋と新聞紙を携えている人も多い。

新聞社にとっては不名誉な話だが、ニュースよりも、こちらの方が主要な目的で新聞を「購読」しているひともいると聞く。

昔からあった紙の無駄遣い

その他、少数ではあるが花屋さんにも「押し紙」を提供したことがあるという店主がいた。東京都内にも新聞紙を使っている花屋さんが幾つかあった。たとえば東京・新宿の小田急線の改札近くにある花屋さんである。ただ、新聞の日付を見ると数ヶ月前のものになっていたので、それが絶対に「押し紙」であるという確証はない。

さらにかつては魚屋さんにも「押し紙」を提供していたという情報も得た。

念のために裏付け調査をしてみたが、東京都内の魚屋さんに関しては、新聞紙の使用は確認できなかった。すでに新聞からビニールの手提げ袋への切り換えが進んでいるようだ。八百屋さんや果実屋さんについても同じことがいえる。

しかし、印刷したばかりの新聞をペーパーとして使用する慣習は、最近に始まったことではなくて、昔からあったようだ。新聞業界というところは、手作業の一部が機械化されただけで、本質的な部分は昔からなにひとつ変わっていない。参考までに、歌川冷三著『新聞がなくなる日』(草思社) から興味深い記述を紹介しよう。

こんなウソみたいな実話もある。青森県の販売担当社員に上役が聞いた。「君の担当区の紙の状況はどうかね。」と。担当員は「はい。今年はりんごが豊作であります」と答えた。怪訝な面持ちの上役は、りんご農園が、畑のりんごの虫除け袋の材料に新しい新聞をまとめ買いすると聞かされ、やっと『紙』の意味がわかった。

「押し紙」が余っている状況の下では、「押し紙」を古紙の代用品として使うこともやむを得ない。廃棄されるのであれば、再利用する方が賢明だ。だから「押し紙」を一次利用する業者の側にはなんの汚点もない。

問題の所在は、最初から余分な新聞部数が生じることが分かっていながら、新聞の販売収入を増やしたいがために「押し紙」政策を取っている新聞社の側にある。しかし、「押し紙」はそう簡単に廃止できるものではない。新聞社だけではなくて、製紙会社や印刷会社も大きな減益を招きかねないからだ。この問題が深刻なゆえんである。

だからと言って新聞販売店を「押し紙」政策の下敷きにしてもいいことにはならないだろう。

5章　新聞社の経理と優越的地位の濫用

販売店はなぜ「押し紙」を断れないのか

「押し紙」裁判で裁判所がよく問題にするのは、なぜ、販売店は「押し紙」をきっぱりと断らないのかという点である。「押し紙」を断ったという証拠がないために、裁判所が販売店に残っていた新聞を「押し紙」とは認定せずに、販売店が裁判に負けた例が多い。販売店に余分な新聞が多量に余っていた事実は認定されるのだが。

しかし、新聞販売店は「押し紙」の強要を跳ね返すなど、新聞社の販売政策に対して、本当に自分の考えを述べる権限を保証されているのだろうか。結論から先に言えば、新聞社と販売店の間には顕著な権限の差があって、販売店は新聞社の販売政策に盲従しなければならないのが実情だ。

両者の身分の圧倒的な違いを示す事例をまずいくつか紹介しよう。新聞社による優越的地位の濫用の凄まじさを知れば、「押し紙」を断ることがいかに困難かが理解できるだろう。

最初は朝日新聞社の例である。二〇〇六年の暮れに、わたしは朝日新聞の元販売店主・井前隆志氏から一枚のCDを入手した。録音されていたのは、現役時代に井前氏が担当員と交わした会話である。録音を思いついたのは、高圧的な担当員の態度からして、販売店を強制改廃される可能性を感じ取り、地位保全を求めて係争になった場合、会話の録音記録が役立つことがあると考えたからだ。

井前氏がASA清瀬西部（東京都）の店主になったのは、二〇〇五年五月である。それまではＡＳＡ清瀬西部で店長をしていたのだが、店主が経営を放棄したのを機に、井前さんが所長に昇格した。ようやく長年の夢が叶ったのであるが、波乱ぶくめのスタートとなった。

すでに述べたように大半の新聞販売店は「押し紙」を負担させられる代償として補助金の支給を受ける。ＡＳＡ清瀬西部も例外ではなかった。

しかし、井前さんは補助金を断った。井前さんにとってそれは、「押し紙」をしないでほしいというメッセージであった。補助金を受け取らない代わりに、「押し紙」も引き受けないという方針を、店主として最初から貫こうと考えたのである。

と、いうのも「押し紙」が原因で破産したり自殺した店主を見てきたからだ。

ところが朝日新聞社の担当員にしてみれば、威風になびかない井前さんの態度がしゃくに障ったのかも知れない。井前氏は、非情な仕打ちを受けるようになったのだ。

たとえば二〇〇六年の二月二日にＡＳＡ清瀬西部をＦ担当員が訪店した時の「指導」は、明らかにイジメの様相を帯びている。独立した事業体であるはずの販売店に対して、担当員は驚くべき暴言を繰り返している。

この日に先立って、井前氏は「二〇〇五年の反省と二〇〇六年度の抱負」と題する文書を担当員に提出していた。店主に課せられた「宿題」である。その中で井前さんは、店の経営を黒字にして、銀行からも信用を得たいといった内容の抱負を綴った。

担当員と井前氏の発言は、おおよそ次のとおりである。重要部分を抜粋して紹介しよう。

F「非常に弱いね。これはもう店を一〇年ぐらいやってきたひとが書くような内容だな」

F「なんのためにこういうことをやっていくんですか。井前さん。ここに書いてあるようなことを？」

井前「なんのために仕事をするのかということですか？」

F「はあ、はあ」

井前「自分もみんなも幸せにならなければいけませんから」

F「まあ、そういうこともあるんだと思うんですが、紙を増やさなければいけないんですよ。それだけなんです。それがぽんと出てこないと……」

ここで使われている「紙」とは新聞の部数のことである。要するに新聞の部数を増やすようにゲキを飛ばしているのだ。日本の新聞社に特有の部数至上主義がかもしだす光景である。

F担当員の発言はエスカレートする。

F「たとえばこのお店なんかね、極端な話を言うと、財務は三年間赤字でいいんですよ、はい、うん、そういう中で仕事を組み立てて……」

F　「店もってすぐに利益だすなどと言ったら、はっきり言って辞めてもらいますから。そういう経営だったら、ハイ……」

F　「こんなことだれだって思っているし、□□（不明）に書くことではない」（机をたたきつけるような音）

F　「利益なんかださなくても、銀行に信用されますから」

F担当員が言おうとしているのは、赤字になっても、経費をつぎ込んで新聞の部数を増やせということらしい。露骨に言えば、新聞セールスチームを使い、どんどん景品をばらまいて強引に新聞の部数を増やせということだろう。

余談になるが、これらの録音でわたしの関心を強く引いたのは、担当員の説教調の話し方である。異常にも滑稽にも感じた。それはちょうど高校生か中学生が教師から厳しく叱責されている場面を連想させる。担当員の横柄な声が途切れるあいまに、井前氏のおびえたような声が、「はいッ！」「はいッ！」「はいッ！」と混じる。朝日新聞と甲子園が頭にあったために、わたしは監督の前で直立不動で立っている高校球児を連想した。とても対等な大人同士の会話とは思われない。

空の領収書

さらに井前さんは、別の日には空の領収書を書くように同じ担当員から強要されている。この場面でも担当員の強権的な言動がＣＤに録音されている。

朝日新聞社には販売店を対象とした店員補助という名目の補助金を支出する制度がある。これは新聞販売店で店員がミーティングなどを開き、それに担当員が加わったとき、コーヒーなどの飲食代を補助するのが目的らしい。担当員は店員補助を支出したことにして、店主の井前さんに空の領収書を発行するように要求したのである。空欄に適当な金額を書き込み、それを朝日新聞社に請求して、最終的に金を自分のポケットに入れるのが目的だと思われる。

会話が録音されたのは、二〇〇五年一一月一五日である。わたしはこれまでも販売店主さんたちから、空の領収書を切らされたという話を耳にしたことがあるが、その現場に居合わせたことはない。

空領収書の件を井前氏が告発する引き金となったのは、二〇〇六年六月に朝日新聞社が井前氏を解任したことである。ＡＳＡ清瀬西部の引き継ぎを行うに際して、井前氏は空領収書の件を持ち出して、Ｆ担当員に謝罪を求めた。金銭の精算だけではなくて、不正行為のけりもつけようと思ったのだ。

しかし、いつまで待っても正式の謝罪はなされない。そこで最後の手段として録音テープをメディアに公表したのである。

その録音テープによると、F担当員は、まず、領収書の宛名をだれにするのかについて指示を出している。

井前氏が

「朝日新聞本社で？」

と、尋ねたのを受けて、F担当員が、

「あ、朝日新聞社で、はい」

と、答える。

業務の打ち合わせをしながら、井前氏は空領収書を作成したらしい。そのために会話は、突然、業務に関連したことに戻る。と、再び領収書についての会話に切り変わる。F担当員が、領収書に記入する出費目的について、

「店会で、店会補助」

と、指示を出す。

領収書の日付についても、担当員が、

「今日の日付で」

と、指示している。これを受けて井前氏が、

「今日の日付で」

と、再確認する。担当員が、

「一五（日）」

と、つぶやく。

「写しのところももらっていい？」

「写し」とは領収書の裏書きである。これを井前氏が保存すれば、担当員の不正行為が発覚する可能性がある。だからどうしても回収する必要があるのだ。

「はいッ」

緊張した井前氏の声が響く。

その後、すでに述べたように、二〇〇六年の六月、井前氏は店主を解任された。そして引継ぎの時に担当員と朝日新聞社に対して、空領収書の件で謝罪を要求したのである。しかし、回答は得られない。

一一月になってようやく担当員から連絡があった。井前氏が言う。

「立川の『月の滴』という居酒屋に来てほしいと言われたのです。そこでわたしは夕方の六時ぐらいにでかけていきました。そして四時間ほど話したのですが、だいぶしてから、ようやく話題が空領収書の件になり、Fさんは口頭で謝罪しました」

担当員が謝罪するまでに、口論めいた場面もあった。

たとえば井前氏がF担当員を、

「やってはいけないことをやっているわけじゃないですか」

と、批判する。話し言葉なので、やや曖昧な部分があるが、空の領収書を書かせるのは、あるまじき行為だと主張しているのだ。その上で、

「非を認めてもらえないのなら、社としてもそういうのを黙認しているということなんですか」

と、質問する。これに対してF担当員が答える。

「それは非として認めますよ。それは非として……」

さらに「社会通念上、非として認めます」「そのこと一点に関して言うと、申し訳ないことをした」などと謝罪したのである。

さらに自分が「社会通念上、非として認める」行為に及んだ理由として、F担当員は朝日新聞社に腐敗の土壌があることを告白する。聞き取れない部分は□□□で表示したが、話の内容は、おおよそ次のようなものである。

「今までこういうことがなかったのかといえば、全然そんなことはなくて、ええっと、たとえばね、□□□、まあこれも仕事なんですよ……飲んで□□□編集なんかも、経理、伝票処理の不祥事がたくさんあって、販売局なんかにそれがかえってきて、社内に問題がありますよ。□□□。たとえば、今でも頻繁にあるのは、領収書をもらうじゃない。□□□領収書をもらっても、手書きだと社内では経費として落ちないということがあってですね。そういうふうな社内のルールなので、お店にも協力してもらったことがぼくもあるし。そういうことはすぽんと、

いいのか悪いのかと言われたら、いけないことなので、井前さんにも迷惑をかけたと」

担当員は非を認めたが、書面による謝罪には応じなかった。

わたしは、この問題を取材して、インターネットのサイト、マイニュースジャパンで事実を公表した。取材の過程で朝日新聞社は、事実関係を認めた。しかし、井前氏に対する謝罪にはやはり応じなかった。

優越的地位の濫用

優越的地位の濫用を示す二つ目の事例は、沖縄タイムスのケースである。担当員の方針に疑問を呈した販売店主が、手痛い仕打ちを受けた例である。

一九九八年、沖縄タイムスの美田販売店を経営していた金城初子氏は、保証金の金利をめぐり発行本社とトラブルになったのを機に、契約の更新を拒否された。これにより金城氏は三〇年来の家業を奪われたのである。

沖縄タイムスに限らず、ほとんどの新聞社は店主の保証金を預かっている。新聞の卸代金の未払いなどが発生した場合、保証金から徴収するためだ。沖縄タイムスの場合、保証金の金利は六%だった。しかし、それを五%に引き下げる旨を販売店に伝えた。

この提案に対して金城氏は、承諾を保留した。それから八ヶ月後、金城氏は沖縄タイムスから、商契約の更新拒否を伝える内容証明郵便（資料①）を受け取った。

資料①　内容証明郵便

甲第二号証

控

〒[redacted]

[redacted]

沖縄タイムス美田販売店

店主　　金城初子　殿

平成１０年２月１７日

那覇市久茂地２丁目２番２号

株式会社　　沖縄タイムス社

代表取締役社長　豊平良一

販売店契約の更新の拒絶についてのお知らせ

理由

貴殿と当社との間で締結された平成８年５月２２日付け販売店契約については、当社は同契約の更新の意思はありませんので、同契約第１６条但し書に基づき、契約の更新の意思なきことを通知します。

従って、平成１０年５月２２日以降、契約は解消されることになります。

以上

沖縄タイムス社

更新拒否の理由はなにも説明されていなかった。商取引の契約期間（一年ごとの更新）が切れるのを機に更新を見送りたいと伝えられただけだった。

金城氏は那覇地裁で地位保全裁判を起こしたが、訴えは退けられた。販売店を約三〇年に渡って経営してきた実績も、沖縄タイムス社に対する貢献も、一年満期を記した契約書の前には何の役にも立たなかった。

三つ目のケースは京都新聞社の例である。金城氏の解任事件から三年後の二〇〇一年に、京都新聞の藤ノ森販売所は、情け容赦なく強制改廃へ追い込まれた。発端は、藤ノ森販売所の店主・池内巌氏が亡くなったことだった。

販売店経営は池内家の三五年来の家業だったこともあり、当然、奥さんは自分に販売店の後を継ぐ権限があると考えていた。ところが初七日が明けるとすぐに京都新聞社の担当員が訪店して改廃を告げたのである。遺族の心情に配慮しないやりかたに、藤ノ森販売所の読者からも非難の声があがった。

あまり知られていないことであるが、新聞社と販売店の商契約は、きわめて珍しい形式になっている。普通の商取引では、契約の当事者は双方の企業になるが、新聞販売の商契約では新聞社と店主個人の契約になる。たとえ販売店が法人格を持っていても契約の当事者はあくまで店主個人である。だから店主が死亡した時点で、商契約は無効になる。藤ノ森販売所の改廃には、このような商契約のルールが適応されたのである。

ここで紹介した三つの例が示すように、新聞社の一方的な都合だけで、販売店の経営者やその家族はいとも簡単に生活権を奪われかねない実態がある。

新聞社の経理操作を無条件に受け入れる

次に紹介する産経新聞社のケースでは、優越的地位の濫用が一層エスカレートして、販売店が金銭的な損失を承知の上で、新聞社の経理操作を無条件に受け入れていた例である。朝日新聞社、沖縄タイムス社、京都新聞社の事例では、新聞社側の高圧的な態度が目立っているとはいえ、販売店に経済的な損失を与えるまでには至らなかったが、次のケースでは販売店が金銭的な被害を受けている。

産経新聞社は一九九五年ごろ、四条畷販売所（大阪府）の元店主・今西龍二氏に対して、「諸会費」という名目で、月に約一七万円もの金を請求していた。ところが請求元の「諸会」が本当に存在するのか疑惑が浮上している。

わたしが今西氏から入手した一九九五年七月度の請求書（資料②）には、諸会費として次のような請求項目がある。

臨時活動費　一万〇〇〇〇円
店主会費　一万〇〇〇〇円

資料②　諸会費の請求書

07 年　07 月　　諸会費扱い請求内訳書

四条畷　　販売店 今西　龍二　殿　103153100　　産経新聞社

項目名	コード	金額 円	備考
臨時活動費	065	10000	
店主会費	119	10000	
産經会費	121	65650	
日販協会費	124	1700	
連絡協会費	133	15150	
地区産經会費	134	25250	
大阪地区販促会費	138	50500	
【請求　計】		178250	

（ご注意）
一、左の明細は「請求書」中の諸会費扱いの内訳書です。
二、金額欄の（－）印は差引＝マイナス▲勘定です。
三、ご不審の点は販売局管理部計算係へ御連絡下さい。

上記の通りご請求申し上げます。

請求総額	178250

産経会費	六万五六五〇円
日販協会費	一七〇〇円
連絡協会費	・万五一五〇円
地区産経会費	二万五二五〇円
大阪地区販促会費	五万〇五〇〇円
【請求計】	一七万八二五〇円

同年における他の月の請求書も調べてみたが、ほぼ、同じ額が請求されている。

会費の額としては桁外れに高いというだけではなくて、請求元の会があまりにも多いことにわたしは不信を抱いた。産経会と日販協（日本新聞販売協会）はわたしも知っているが、長年、新聞販売業界を取材していながら、その他の会は聞いたことがなかった。

二〇〇六年一二月三一日、わたしは四条畷市に足を運び直接、今西さんに事情を尋ねてみた。

「これらの会の総会に、今西さんは参加されていましたか？」

「いいえ。われわれ店主の会合は、新聞社の系統を超えた地区ごとの販売店主の会合が、月に一回あるだけでした」

「親睦会ですね」

「はい。それ以外の会は、産経会を除いて聞いたことがありません」

「店主の親睦会の会費はいくらでしたか?」

「三〇〇〇円です。しかし、この三〇〇〇円は、会合を開くたびに直接支払っていました」

奇妙な請求項目だと感じていても、それを産経新聞社の担当員に問いただせるような雰囲気ではないという。従順さに欠ける店主として、マークされると仕事がやりづらくなるからだ。

わたしは産経新聞社が架空の団体を設けて、架空請求した疑いを抱いた。そこでまず、請求書に明記されている会の所在地を確かめるために、産経新聞・大阪本社に問いあわせた。

電話の受付係は、販売店関連の団体は、「連合産経会」だけだと告げて、電話を「連合産経会」の事務所へ転送した。「連合産経会」とは俗に言う産経会のことである。連合産経会の職員に、請求書に表示された販売店関係の諸団体が実在するのか、あるいはかつて実在したのかを尋ねた。

「コメントできないので、販売局に問い合わせて下さい」

職員は同じことを繰り返した。そこでわたしは販売局に問い合わせてみたが、販売局は事情を説明しようとはしない。

「お答えできません」

と素っ気ない返事だった。

産経会の実態は

わたしはインターネットで「産経会」を検索してみた。そして大阪府立青少年会館のホームページにある催し物日程表の中に「大阪市産経会」という名称と電話番号が表示されているのを見つけた。大阪市産経会という団体が「産経洋画Ｃｉｎｅｍａ」というイベントの主催者になっていたのである。

おそらく今西さんの請求書にある地区産経会に該当する団体に違いないと見当をつけて、わたしはホームページに表示された大阪市産経会の電話をダイヤルしてみた。女性が応答した。

結論を先に言えば、わたしは予想もしない事態に遭遇した。電話に応答したのは、大阪市産経会ではなくて、産経新聞開発株式会社という産経新聞社の関連会社であった。イベントなどを企画する会社である。

わたしは「産経洋画Ｃｉｎｅｍａ」の主催者である大阪市産経会の所在地を尋ねたが、相手は分からないと繰り返した。以下、電話での会話である。

「産経会ですか？」

「産経新聞開発ですけども」

「ああそうですか。そこは連合産経会とは別ですか」

「そうなんですよ。産経新聞開発に（電話が）かかっていますけども」

「そうなんですか。電話番号が大阪市産経会のものになっていたもので」

「洋画シネマの件でしょうか」

「いいえ、別件です。大阪市産経会という団体はあるんですか」

「はい、ございます」

「連絡先は分かりますか」

「少々お待ち下さい」

電話保留のオルゴールになった。わたしは間もなく大阪市産経会の連絡先を教えてもらえるものと思った。ところが再び電話に出た女性は、

「もしもし、それでは販売局へ電話を回しましょうか」

と、言った。

「販売局ではなくて、大阪市産経会に繋いでください」

「販売店さんの会ですよね」

「はい」

電話が繋がった先は、どういうわけか電話の交換台の女性だった。それとは知らず、わたしは、

「産経会ですか？」

と、話を切り出した。

「いいえこちら交換台ですけど、産経会に御用でしょうか」

「大阪市産経会です」

「失礼ですが」

「黒薮と申します」

電話保留のオルゴールになった。暫くして電話の交換手が再び応答した。ところが意外なことに、

「詳しいことが分からないので、おつなぎできません」

と、言うのだった。

「大阪産経会と産経新聞開発が同じ連絡先になっていますが」

「事務局自体がこちらにはないんです」

「どこにありますか？」

「こちらでは分からないそうです」

「把握していないということですか？」

「はい、申し訳ありません。詳しいことは分からないということなんです」

「産経新聞開発は産経新聞の関連会社ですよね？」

「そうです」

「産経新聞開発の電話番号が、大阪市産経会の電話として使われているようですが」

「でも、こちらには事務局がないので、分からないということなんです」

産経新聞開発の電話番号を大阪市産経会の電話番号として、ネット上に表示しておきながら、

大阪市産経会の所在地が分からないというのだ。どうやら大阪市産経会は実在しないらしい。わたしは一旦電話を切ってから、もう一度、産経新聞開発に大阪市産経会と称する団体の所在地を問い合わせてみた。しかし、質問にはいっさい答えられないとのことだった。そこで自分の質問を再確認する意味で、次のようなファクスを産経新聞開発の責任者に送った。

貴社の電話番号と大阪市産経会の電話番号が同一になっている関係でお尋ねしますが、大阪市産経会の所在地を教えていただけないでしょうか。また、大阪市産経会は、地区産経会と同一組織でしょうか。

返信先として、わたしは自分のEメールを表示しておいた。すると発信して一〇分もしないうちに、産経新聞開発から次のメールが送られてきた。

黒薮さま
FAX受け取りました。
産経新聞社販売局の管理部へ、お送りいただいた書面を渡しました。
当社は事業イベントを請け負うなどの仕事をするところで、黒薮さまの件について、お答えする立場にありません。ご了解ください。

産経新聞開発株式会社
○○○○

産経新聞開発が「産経会」まがいのさまざまな名称を使い、企業活動を展開している可能性もある。所在が不明な団体が請求書に表示されている以上は、架空請求の疑惑が生じる。

翌日、大阪府立青少年会館のホームページを再度開いたところ、「産経洋画Ｃｉｎｅｍａ」の主催者として大阪市産経会のほかに、新たに産経新聞開発株式会社の名前が加わっていた。大阪府立青少年会館に問い合わせてみると、産経新聞開発から依頼があって、主催者名を付け加えたという。

大阪市産経会が名前だけで実態がないから、この点を指摘されて、本当の主催者名を名乗らざるを得なくなったのではないだろうか。

産経新聞・大阪本社と産経新聞開発が取材に応じないので、わたしは産経新聞・東京本社にも問い合わせてみた。東京本社には面談形式の取材を申し入れたが、書面にしてほしいと言われたので、質問状を送った。この件に関する質問は二点だった。

（1）わたしが大阪府内の販売店から聞き取り調査をしたところ、産経会、店主会、連絡会、地区産経会は同一の組織であるとの証言を得ております。これらの会の所在地と、責任者の名前を教えていただけないでしょうか。また、会費としては異常に高いという印象を受けますが、額に間違いはないでしょうか。

（2）大阪地区販促会の所在地を教えていただけないでしょうか。関係者の話によると、「大阪地区販促会費」は新聞拡張団へ支払うものだとのことでしたが、公式にはどのような性質のお金なのでしょうか。

産経新聞社の広報担当者の回答は次のとおりである。

（1）各種会（販売店主会）と当社とは別の人格であり、会費は各会から委託されて当社の請求書を通じて収納代行をしているだけです。従いまして会費の額の多寡について当社は発言できません。

（2）販促会費は販売店主会が販売促進に使途していると聞いていますが、上記（1）の理由で当社が答えることではないと考えています。大阪地区販促会は現在は存在していません。

わたしは再度、メールで次のような質問を送った。

質問に対する回答ありがとうございます。

回答を読む限りは、集金代行を依頼されて、それに応じたという事のようですが、集金された金額は月額でどの程度になり、それをだれに手渡されたのでしょうか。

返事を催促し、証拠として請求書の画像も送ったが、産経新聞社からは何の回答もなかった。商取引する双方が対等な立場であれば、存在が確認できない団体の名前を使って、多額の「会費」を取り立てることなどできないはずだ。販売店から抗議を受けることはあり得ないという前提があるから、このような経理操作が可能になるのではないだろうか。

補助金制度のからくり

このように新聞社と販売店の間には、圧倒的な権限の差があるのだ。それが「押し紙」政策の土壌にもなっている。さらに金銭に対するルーズさが、次に説明するように、「押し紙」政策の一端を担う補助金制度にも色濃く反映している。

繰り返しになるが、「押し紙」部数の卸代金を支払うことで生じる損害は、折込チラシを水増しして、不正に徴収した料金で相殺する。それで相殺し切れない場合は、販売局の裁量で補助金を支給する。

当然、折込チラシの依頼枚数が少ない販売店は、「押し紙」による損害の相殺率が低くなるので、補助金の額が高くなる傾向がある。もちろん多額の補助金を投入しても完全には相殺しきれず、販売店が赤字を負担することも少なくないが。

いかにでたらめな補助金の投入が行われるかを、産経新聞・東浅草販売店のケースに則して検証してみよう。この販売店の「押し紙」については、第2章で紹介したとおりだが、たとえば二〇〇〇年一一月の時点で、配達されていた新聞部数は四三〇部だった。しかし産経新聞社は、同店に対し九二七部の新聞を送りつけていた。その結果、差異の四九七部が配達されないまま残紙（「押し紙」）になっていた。

当然、東浅草販売店は水増し部数の卸代金も払わなければならない。そこで産経新聞社はこの店の負担を軽減するために、多額の奨励金（補助金）を支出したのである。いかに新聞社が販売店に対して高圧的とはいえ、販売店の破綻だけは避ける必要がある。新聞の戸別配達ができなくなるからだ。

次に示すのは、産経新聞社が東浅草販売店に送付した一一月度の請求書である。「産経新聞明細」の欄から主要な数字をピックアップしてみよう。（資料③）

新聞代合計：二〇二万九八五五円
奨励金合計：一〇八万二七一七円（控除）

本来であれば、販売店は新聞の卸代金として約二〇二万円を支払わなくてはならないが、様々な名目の奨励金が合計で約一〇八万円も支給されたので、実際の支払い額は、差し引きした約九五万円に収まっている。

資料③　産経新聞明細

平成12年11月度

株式会社　産業経済新聞社

〒100-8079
東京都千代田区大手町1丁目7番2号
電話　03（3231）7111番（大代表）

係　佐々木　ダイヤルイン　03-3275-8611

	単価	請求部数	金額
朝刊	1688	927	1564776
夕刊	529	440	232760
第一補正			135659
第二補正			
消費税			96660
新聞代合計 ▶			2029855

産経新聞明細	基数	対象数	金額
完納奨励金			-3512
部数別奨励金		927	-56547
販売奨励金　朝刊	375	552	-220800
普及奨励金	16452		-9270
経営助成金			-580000
週休実施手当			-38430
労務対策補助			-122600
消費税　（本紙）			-51558
奨励金合計 ▶			-1082717
産経新聞当月新聞代（A） ▶			947138

卸代金の五〇%にも相当する補助金

新聞代金請求額の約五〇%にもなる額の奨励金を支給して、販売店に「押し紙」を買い取らせていた事実が立証できる。奨励金を支給しない代わりに、「押し紙」の買い取りも要請しないのが正常な取り引きであるはずだが、実際は奨励金を支給して、「押し紙」を買い取らせているのだ。なにを目的にこのような経理操作をしているのだろうか。

まず、第一の目的は、言うまでもなく新聞社の販売収入を増やすことである。さらに第二の目的は、「押し紙」によりABC部数を嵩上げし、紙面広告の媒体価値を高めることである。同時にそれはチラシの折込定数を引き上げる根拠にもなる。

産経新聞・東浅草販売店の場合、他の月についても、やはり同じ手口の経理操作が行われている。

ただ、ここで紹介したケースのように新聞の卸代金の約五〇%にも相当する奨励金を支給するのが、新聞各社で当たり前に行われていると断言すれば、やはり誇張になる。東浅草販売店の場合、折込チラシの量が少ないために、奨励金の額を増やさざるを得なかった事情があったといえよう。

補助金はいらないから「押し紙」もなくしてほしい

販売店にしてみれば、チラシ詐欺に荷担させられるよりも、正常な取り引きをしたいというのが本音である。確かに都市部の新聞販売店では、折込チラシの依頼が多いので、「押し紙」の損失を相殺した上に余分な利益が生まれるケースもある。しかし、これは販売店が主導してやっているわけではない。「押し紙」政策の中で、否応なしに詐欺行為に荷担させられているのだ。

しかしこのようなケースに該当する販売店ですら、チラシ詐欺を迷惑行為と感じている。ある店主が言う。

「チラシで余分な利益を出していることを担当員も知っているので、それを拡張経費に充てるように指導されます。ですから販売店には何のメリットもありません。それどころかチラシの水増しが発覚した場合、その責任を負わされかねないので恐いです。余ったチラシを新聞紙で包装して、古紙業者に渡すのも後ろめたいですよ。補助金はいらないから、『押し紙』もなくしてほしいというのが本音です」

それにもかかわらず、新聞社の方針に従わざるを得ないのは、販売店が無権利状態に置かれているからである。新聞社が軽々しく改廃権を持ち出してくるので、いかに理不尽な要求でも従わざるを得ないのだ。

なお、このように補助金に依存した経営は、販売店にとって非常に危険な要素を孕んでいる。産経新聞・東浅草販売店のケースに見られるように、新聞代金の支払いの約五〇％を補助金に頼っているわけだから、補助金の支給を止められたならば、新聞の卸代金が払えなくなって、販売店はたちまち倒産する。しかも、補助金は商契約にしたがって支払われるわけではなく、新聞社の裁量で自由にカットできる性質のものなので、販売店は新聞社に殺生権を握られていることになる。と、なればますます販売店は新聞社に対して従順に成らざるをえない。

このように「押し紙」の問題は、日本の新聞社経営を考えるうえで極めて大きな位置を占める。新聞についての諸問題の元凶である。それにもかかわらず二〇〇六年上半期に新聞関係者が展開した特殊指定を守るキャンペーンでは、だれも「押し紙」について語らなかった。「押し紙」は存在しないという嘘を前提に議論が進められたのである。

皮肉なことにその特殊指定を守る運動の中で、署名集めの先頭に立たされたのは、新聞販売店だった。新聞代金の集金をしながら署名を集めたと聞いている。どんな命令に対しても、新聞社からの要請となれば断るわけにはいかなかったのだろう。

「押し紙」でボロもうけのカラクリ

最近、補助金のカラクリが別の観点から解明され始めている。すでに述べたように、補助金の役割は、販売店が「押し紙」で被る損害を相殺することである。ところが補助金はまったくのまやかしで、実質的には補助になっていないのではないかという説が浮上している。

その引き金となったのは、ＹＣ小笹（福岡市）が提起した「押し紙」裁判の中で、原告代理人の江上武幸弁護士らが、二〇〇七年の七月一九日、福岡地裁へ提出した一通の準備書面だった。そこにはこれまでだれも指摘しなかった補助金における驚くべきカラクリが明記されていたのである。

この準備書面の作成に協力した真村裁判の原告・真村久三氏が言う。

「補助金というものは、販売店を援助するための善意の資金です。ところがその補助金の財源をさかのぼって調べてみると、実は読売新聞社が販売店から取り立てたものだった疑惑が浮上したのです。しかも、このような偽善行為が新聞業界の慣行になってきた可能性もあります」

話を単純化するために、真村氏はこんなたとえ話をする。

「サラリーマンの中には、会社から旅行積立金を徴収された体験をもつ方がいると思います。ところが社員旅行はいっこうに実施されない。そのうち忘年会のシーズンになり、会社が社員たちのための宴席を設けた。宴席で社長は、『社員の皆さん、今日は仕事のことは忘れて、思う存分に楽しんで下さい』と挨拶する。が、豪華な宴会の経費は、実は社員の旅行積立金から調達されていた。これと同じカラクリが新聞社から販売店に支給される補助金でも観察されるのです。少なくとも読売新聞・西部本社の経理書類の上では、それが正確に立証されたんです」

真村氏の指摘が正しいとすれば、補助金は「押し紙」に対する販売店の不満をそらすために設けられたトリックということになってしまう。

ちなみに読売新聞社はＹＣ小笹に実売部数を超える過剰な新聞を提供していたことを公式に

認めた上で、補助金を提供していたので、原告に損害は与えていないと主張した。この主張を覆すために、原告側は補助金の検証を行い、その結果、補助金の財源が販売店から徴収されていることに気づいたのである。

請求された金が、そのまま補助金に？

ＹＣ小笹の経理を二〇〇二年の二月度と三月度、さらに五月度の請求書を例に具体的に検証してみよう。補助金の種類は一〇種類を超えるが、新聞拡販に関連した補助金のひとつに協力賞と呼ばれるものがある。この協力賞は、セット版（朝・夕刊）を対象としたものと、統合版（朝刊のみ）を対象にしたものに二分されている。たとえば三月度の場合、協力賞の合計は九万六八五〇円（資料④ 3月度）である。

帳簿上ではこの九万六八五〇円が、読売本社からＹＣ小笹に提供されたことになっている。ところが同じ請求書に「労務対策分担金」（諸口取立明細の項目）という請求項目があり、その額はなんと補助金として支給される協力賞の総額と下一桁まで同じだ。つまり読売は、「労務対策分担金」として、販売店から徴収したのとまったく同じ金額を、補助金として支出しているのだ。これでは差し引きがゼロになり補助にはなっていない。補助金を支給していたから、「押し紙」の損害は与えていないという読売の主張が破綻してしまう。補助そのものが嘘である。

資料④　ＹＣ小笹へ送られた請求書（2002 年２月）
　　　　協力賞の合計と労務対策分担金の額が一致する。

①新聞代売上明細（消費税込み）

摘要		部数	単価	金額
	セット	340	232400	790160
	統合	1290	179400	2314260
	夕刊			
	英字	20	153900	30780
	合計			3135200
	セット			
	統合			
	夕刊			
	英字			
	合計			
朝刊	予約1		1253	
朝刊	予約2		1253	
夕刊	予約1		525	
夕刊	予約2			
	合計			
新聞代合計				3135200

②補助額明細（消費税込み）

摘要	基数	差数	金額
維持料	667	-327	
増紙料	720	-380	
特別増紙料	652	-312	
維持料	778	185	14800
増紙料	840	70	16800
特別増紙料	761	217	65100
協力賞（セット）			22100
協力賞（統合）			70950
皆納賞			17550
制度補助計			207300
開発補助			32322

③諸口取立額明細

摘要	金額
情報開発取立金	752161
読売会取立金	219059
開発部取立金	318644
拡張料取立金	421787
労務対策分担金	93050
出版物代	14050
報知新聞代	47100
諸口取立額合計	1865851

④前月分入金明細

月	日	摘要	金額
		前月総請求額	4884446
3	4	振込	4884446

二月

資料④　ＹＣ小笹へ送られた請求書（2002 年 3 月）

請求高		488444

①新聞代売上明細（消費税込み）

	摘要	部数	単価	金額
当月売上	セット	720	232400	1673280
	統合	910	179400	1632540
	夕刊			
	英字	20	153900	30780
	合計			3336600
前月補正	セット			
	統合	34	3670	1248
	夕刊			
	英字	7	5130	359
	合計			1607
予約紙代	朝刊 予約1		1253	
	朝刊 予約2		1253	
	夕刊 予約1		525	
	夕刊 予約2			
	合計			
新聞代合計				3338207

②補助額明細（消費税込み）

摘要	基数	差数	金額
維持料	667	53	5830
増紙料	720		
特別増紙料	652	68	27200
維持料	778	132	10560
増紙料	840	70	16800
特別増紙料	761	149	44700
協力費（セット）			46800
協力費（統合）			50050
普納費			17550
制度補助計			219490
開発補助			31868

③諸口取立額明細

摘要	金額
情報開発取立金	87233
読売会取立金	38302
開発部取立金	24431
拡張料取立金	80902
労務対策分担金	9685
出版物代	1405
報知新聞代	4710
諸口取立額合計	2166697

④前月分入金明細

月	日	摘要	金額
		前月総請求額	4896650
2	4	振込	4896650

資料④　ＹＣ小笹へ送られた請求書（2002 年５月）

⑧合　計

新聞代売上明細（消費税込み）

摘要		部数	単価	金額
セット		720	232400	1673280
統合		1610	179400	2888340
夕刊				
英字		14	153900	21546
合計				4583166
セット				
統合				
夕刊				
英字		1	5130	51
合計				51
朝刊	予約1		1253	
朝刊	予約2			
夕刊	予約1		525	
夕刊	予約2			
合計				
新聞代合計				4583217

②補助額明細（消費税込み）

摘要	基数	差数	金額
維持料	432	288	31680
増紙料	562	158	47400
特別増紙料	451	269	107600
維持料	922	688	55040
増紙料	1198	412	98880
特別増紙料	962	648	194400
協力費（セット）			46800
協力費（統合）			88550
[illegible]納費			23850
[illegible]補助計			694200

③諸口取立額明細

摘要	金額
情報開発取立金	235974
読売会取立金	224060
開発部取立金	759737
拡張料取立金	588207
労務対策分担金	135350
出版物代	7858
報知新聞代	5185
諸口取立額合計	1956371

④前月分入金明細

月	日	摘要	金額
		前月総請求額	5471379
4	30	小切手	2322377
5	6	振込	3149002

偶然に三月度だけが差し引きゼロになっていたのだろうか。二月度のケースを検証してみよう。

二月度の協力賞（セット）は、二万二一〇〇円だった。また協力賞（統合）は、七万九五〇円である。総計は、九万三〇五〇円。これに対してYC小笹から徴収された労務対策分担金も、まさしく同じ金額、九万三〇五〇円（資料④ 2月度）である。

さらに五月度について検証してみる。五月度の協力賞（セット）は、四万六八〇〇円。協力賞（統合）は、八万八五五〇円。総計は、一三万五三五〇円である。一方、労務対策分担金としてYC小笹から徴収された額も、一三万五三五〇（資料④ 5月度）円である。下一桁まで同じ数字だ。

真村氏らが、「押し紙」の損害買収請求の対象になっている一九九八年五月から、二〇〇三年三月までの約五年分の請求書を調べたところ、ひとつの例外もなく上記のパターンになっていた。

いわく付きの諸口取立

補助金の種類が一〇種類を上回るのに対して、「諸口取立額」の項目も七項目に及ぶ。具体的には次のとおりである。三月度の数字から金額も明示してみた。

情報開発取立金　　八七万二三三一円

読売会取立金	二八万三〇二四円
開発部取立金	二四万四三一六円
拡張料取立金	五〇万九〇二六円
労務対策分担金	九万六八五〇円
出版物代	一万四〇五〇円
報知新聞代	四万七一〇〇円

これらの「諸口取立」の項目を総計すると、実に二一六万六六九七円にもなる。YC小笹は、読売新聞の新聞代金の他に、これだけの金額を支払わされていたのである。もちろんこの中には、新聞拡張団に支払う成功報酬に該当する「拡張料取立金」や報知新聞の卸代金に該当する「報知新聞代」など請求目的が明確なものもあるが、同時に販売店主自身も実態をよく把握していない請求項目も多い。

たとえば、先に言及した労務対策分担金である。これはどのような性質の資金で、なぜ、協力賞の支出額と一致するのだろうか。しかも、真村氏によると、販売店によって請求額はばらばらだという。

読売会取立金も実態が不明瞭だ。常識的に考えて、商取引の相手でもない店主の会からなされる請求が一ヶ月で三八万円にもなるだろうか。しかも、二月度の読売会取立金は二一万九〇

分からない。

五九円で、三月度と金額が大きく異なる。一体、何を基準にして請求額を決めているのかすら分からない。

真村氏の話によると、読売会の会費は販売店が扱っている部数（「押し紙」を含む）にスライドして増える仕組みになっているという。つまり部数が増えれば、会費の請求額も高くなるのだ。なぜ、部数にスライドして会費の徴収を増やしているのか。大胆に推測してみると、次のようなことが言える。部数が増加しても、その中には「押し紙」が含まれている場合が多いので、販売店の経費負担が増えるケースが生じる。それを相殺するためには、補助金の額も増やさざるを得ない。そこで部数増にスライドして会費の徴収を増やして、補助金の財源を確保しているのではないだろうか。しかし、これではまったく補助になっていない。もし、わたしの推測が正しいとすれば、これは典型的なトリックである。

念のために、読売会に直接、電話で会費の徴収基準について問い合わせてみた。しかし、「折り返し電話する」と答えただけで、何の回答もなかった。

一方、読売の西部本社販売局は、

「読売会から依頼されて、集金を代行しているだけ。明細は把握している」

と、話している。

疑いを晴らす責任は読売に

「押し紙」の損害賠償の対象となっている約五年の間に、読売がＹＣ小笹に支給した補助金の総計は、五〇五九万六四二円である。これに対して「諸口取立金」として読売がＹＣ小笹から徴収した金額は、一億三四五七万四七九六円である。もちろんこの金額の全てが不明瞭な請求内容というわけではないが、すでに検証したように、たとえば補助金の一種である協力賞と労務対策分担金の間にある表裏関係は明らかになっている。

このような状況を総括して、原告の江上武幸弁護士らは準備書面の中で、次のように述べている。

現段階で、補助金の内の「セットと統合版の協力賞」の金額と、取立金の内「労務対策分担金」は、金額が一円単位までぴったり同じであり、すくなくとも、両者については、取立金が補助金に化けているカラクリが認められる。

被告の懐に入った一億三四五七万四七九六円の取立金の行方はブラックボックスの中にあり、外部からは検証できない。上記取立金のうち被告に内部留保される金額が幾らになるのか、それが補助金に充てられているのではないかとの疑いが生じている。その疑いを晴らす責任は被告にある。

「その疑いを晴らす責任は被告にある」という原告の主張に対して、読売新聞社がどう対処するのか、この裁判のひとつの注目点であると言えよう。かりに読売が説明責任を放棄したとすれば、「押し紙」によって販売店が被る損害を、補助金で補填するというこれまでの伝統的な説明が誤りで、実は「押し紙」による収入を新聞社が丸儲けするカラクリが存在していると見なさざるを得ないだろう。

新聞社によって異なる日販協会費の請求額

実は新聞各社が販売店に送る請求項目にある諸口取立金に関しては、かなり以前からさまざまな疑惑がささやかれてきた。本章の中でも、産経新聞社が複数の架空の団体名を使って、月額で約一七万円もの会費を販売店から徴収していた事実を紹介したが、真村氏らの「発見」を前提に、この問題を推測してみると、不明瞭な資金が補助金の財源になっている可能性も考え得る。

諸口取立金の項目のひとつである日販協経費についても疑惑がある。新聞社によって請求額が異なっており、集金した会費の一部を新聞社がプールしている可能性がある。さらに詮索すればプールされた資金が、補助金の財源になっていることもなきにしもあらずだ。

日販協会費の額は、具体的には次のようになっている。

毎日新聞社　　　　二二〇〇円
産経新聞社　　　　一七〇〇円
朝日新聞社　　　　八〇〇円

日販協会費の公式額は、八〇〇円である。しかし、不思議なことに一二〇〇円だという説もある。いずれにしても新聞社によって請求額が異なること自体が正常とは言えない。

さらに今後、念のために検証する必要があるのではないかと、わたしが考える請求項目には次のようなものがある。

(1)カード料。これは新聞拡販の成功報酬として販売店が新聞拡張団に支払う金であるが、本社を経由して拡張団に渡る。販売店が請求された金額のすべてが本当に拡張団の手に渡っているのか調べるべきだろう。拡張団が新聞社の下請的な存在であること、あるいは両者の権限の違いを考慮すると、カード料の一部を補助金の財源に宛てる策略も決して不可能ではない。

(2)拡材の購入料。拡材というのは、新聞拡販に使う景品類のことである。具体的には、洗剤やビールなど。これらの拡材は新聞社の関連会社が一括して仕入れて、各販売店に届ける場合が多い。しかし、拡材の請求は、通常、新聞社からなされる。景品類の単価が適正かどうか、あるいは請求書に従って支払った金額の一部が新聞社にプールされていないかを調査すべきだろう。同族の企業相互では、経理操作などいとも簡単にできる。

江上弁護士らが主張するように、「疑いを晴らす責任は被告にある」。読売新聞社は諸口取立明細に関する情報をすべて公開すべきだろう。

一方、販売店の側も自分が受け取った請求書の中味をしっかりと吟味する姿勢を確立する必要がある。販売店主の大半は、請求書の詳細に注意を払わないという。その背景には、詳細を知って不正請求を発見したとしても、現在の不平等な力関係のもとでは、新聞社と交渉する余地がないという思いがあるようだ。優越的地位の濫用が高じた結果、経理操作がいとも簡単に行われるようになったと言っても過言ではない。

6章　新聞は文化の担い手か？——部数至上主義がゆきつくところ

新聞の部数至上主義と「暴力装置」

二〇〇六年の上半期に新聞関係者たちが繰り広げた特殊指定を守る運動の中で盛んに宣伝されたのは、新聞の文化性と公共性だった。たとえば、二〇〇五年一一月に公取委が特殊指定を見直す方向性を打ち出した直後に、新聞協会が発表した声明は、次のように述べている。

新聞は民主主義の基礎である国民の知る権利に応え、公正な情報を提供するとともに、活字を通じて日本文化を保持するという社会的・公共的使命を果たしている。

新聞は活字文化の担い手であるから公共性があるゆえに、戸別配達制度で全国一律に新聞を普及させる必要があるという論理である。そのためには特殊指定を堅持しなければならないと言いたいのだろう。特殊指定と戸別配達制度をむすび付ける愚はすでに述べたが、それ以前に、新聞拡販の現場を取材してみると、新聞が文化性からも公共性からもほど遠い事が分かる。

それどころか新聞の普及活動に、文化とは相いれない「暴力装置」が伴っている実態がある。いわゆる新聞拡張団による強引な新聞拡販が、日本の新聞社経営には不可欠になっており、その結果、紙面の質が低くても、発行部数だけは多いという現象が起こっている。

本章では、新聞の部数至上主義と「暴力装置」を検証することで、新聞の文化性と公共性について考えてみよう。

日本の新聞社の膨大な発行部数

日本の新聞社が発行する新聞の部数は、概して諸外国の新聞社が発行する部数とは比較にならないほど多い。たとえば、二〇〇六年一〇月の段階におけるＡＢＣ部数は、読売新聞が九九九万部、朝日新聞が八一三万部、毎日新聞が三九九万部、日本経済新聞が二八六万部、さらに産経新聞が二一六万部である。これに対して二〇〇六年ごろの外国の新聞の発行部数は、ＵＳＡトゥデーが二二七万部、ニューヨークタイムズが一一四万部、ル・モンドが三五万部など、日本の新聞社に比べてはるかに部数が少ない。日本の場合、二割から三割が「押し紙」としても、読売新聞、朝日新聞、毎日新聞、日本経済新聞が世界ランキングの一位から四位を占めることにはかわりがない。

もっとも発行部数の多さと紙面の質は必ずしも結びついているわけではない。特に日本では、ビール券や洗剤などの景品と引き換えに新聞の購読契約を結ぶ人もかなりいて、情報入手という新聞本来の目的のために新聞を定期購読している人々の割合は未知数だ。真の意味での読者はごく一部ではないかとわたしは推測する。

改めて言うまでもなく、日本の新聞社が膨大な新聞発行部数を誇るようになったのは、ジャーナリズムが日本に定着したからでも、日本人の識字率が高いからでもない。繰り返しになるが、その最大の要因は専売店制度があるからだ。その専売店制度を維持する役割を果たしてきたのが新聞特殊指定であることもすでに述べた。さらに専売店制度の下で販売店が新聞社の販売政策を忠実に実施したからこそ新聞が日本の隅々まで普及して、新聞業が花形産業にのし上がったのである。

しかし、その花形産業を支えてきた販売店に対する新聞社の管理方針には冷酷・非情なものがある。

新聞が文化の担い手であれば、「文化人」のプライドにかけても、絶対に慎まなければならないことを、平気で行っている。結論から先に言えば、販売政策の中に「暴力装置」を組み込み、それを利用して新聞拡販や販売店の管理を行っているのだ。特に中央紙はその傾向が強い。「暴力装置」とは具体的には、新聞拡張団のことである。この組織は現在では、セールスチームと呼ばれているが、その組織形態は封建的な縦の人間関係で特徴づけられ、「チーム」と言うよりも、むしろ「団」の方がその特徴を的確に表している。したがって本書では拡張団という言葉を採用している。

新聞拡張団といえば、文字通りに新聞拡販の先鋭部隊だけを務める組織のように思われがちだが、実はもう少し広い範囲の役割を担わされている。

たとえば「代配要員」といって、緊急に新聞の配達員が必要なときは、団員のだれかが販売店へ派遣される。また、販売店を強制改廃する時に、団員が引き継ぎの立ち会いを務めたりもする。その際に押しの強い人物、あるいは闇社会と繋がりのある人物などが介入すると、金銭の精算がスムーズに進む。販売店に有無を言わさずに事務処理ができるからだ。このような役割を担う者を、俗に「整理屋」と呼ぶこともある。

法人格を持たずに企業活動

しかし、新聞拡張団の役割について詳細に踏み込む前に、まず根本的な部分である組織そのものの形態から検証してみよう。驚くべき事実があるのだ。

実は拡張団は一九九〇年代の半ばごろまで、法人格を持たずに経済活動を展開していたのである。もちろん個人業という名目であれば、必ずしも法人格を取得しなくても経済活動はできるが、三〇人を超えるような人員を使って仕事をしている組織が法人格を取得していなければ、通常であれば税務署が問題視する。ところが不思議なことに、税務署は延々とそれを黙認していたのだ。

このような実態を裏付ける確かな証言もある。たとえば朝日新聞社の社会部メディア班が編集した『新聞をひらく』（樹花舎）という書籍に収録されている中国新聞社・山本一隆専務のインタビューに次のようなくだりが出てくる。

中国新聞にも、拡張を担当するセールススタッフはいますが、二〇数年前から関連会社の社員として雇用しています。最近になってセールスチームを法人化した全国紙とは、その対応が随分と違います。

「最近になってセールスチームを法人化した全国紙」とは、念を押すまでもなく、朝日新聞社や読売新聞社など日本を代表する中央紙のことである。

『新聞をひらく』が出版されたのは、一九九九年五月だから、九〇年代の新聞乱売の時代に、全国紙は法人格を持たない組織を動員して拡販活動をさせていたことになる。ところがさすがに税務署もそれを黙認できなくなったのか、それとも厳格な税の取り立てを目論んだのか、新聞拡張団の法人化を進めるように新聞各社を指導するようになったのである。その結果、ようやく新聞拡張団は法人化された。新聞販売の世界が無法地帯といわれるゆえんが、ここにもあるのだ。

次に拡張団の構成員に焦点を当ててみよう。拡張団の中には、闇社会と係わりを持っている者もいる。かつて読売新聞・西部本社の社屋（旧小倉市）に事務所を構えていた読売系のある拡張団の元幹部が回想する。

「昔、刑務所《むしょ》から出所する男を迎えに行ったことがあります。強引で押しの強い人間でなければ、この仕事はできませんからね」

別の拡張団のある人物も、闇社会の接点を指摘する。

「だいぶ前になりますが、温泉で会合があったとき、浴場で面白い光景を見ましてね。入れ墨をした団長に販売局長が、『立派な入れ墨ですね』とご機嫌を取っているんです。桜の入れ墨でした」

新聞の拡販を会社として展開すると言っても、「団長」と「構成員」の関係で成り立っている組織に一般企業と同じレベルの雇用ルールなどあるはずがない。たとえばほとんどの拡張団には固定給がない。完全出来高制である。だから拡張員が一日中、足を棒にして戸別訪問を続けても新聞の購読契約を取り付けることができなければ、一円の収入にもならない。このような労働形態が人道的にみて問題なのは、言うまでもない。

それにもかかわらずなぜ拡張団に働き口を求めて人々が集まってくるのだろうか。現役の拡張員・T氏が言う。

「団長から金を前借りすることができるからです」

新たに入団した者に金を貸す慣行は、新聞拡張団に特徴的な人事管理と言っても過言ではない。新団員に借金させることで、職場に縛り付けるのだ。T氏が言う。

「拡張員の中には真面目な勧誘で優秀な成績を上げ、サラリーマン並みに高額な金を稼ぐひともいます。ただ、ひとつの傾向として、借金を背負っているとか、家出をしたとか、特別な事情があるひとが多いことも事実です。借金しない拡張員に対しては、団長が競輪などのギャンブルに誘って、借金させることもあります」

関東の拡張団で使われる業界用語に「テイキ」という言葉があるらしい。これは金の前借り

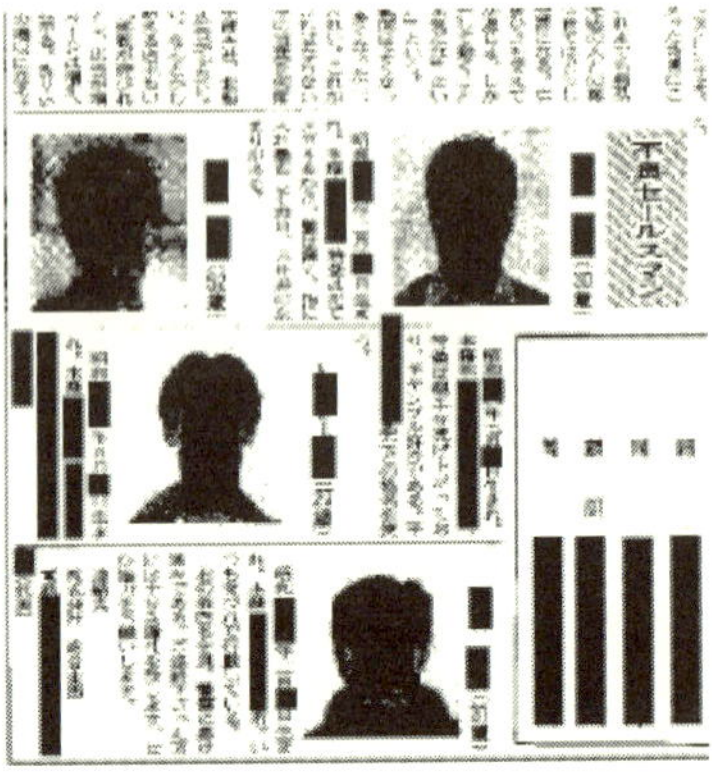

写真①　指名手配写真

という意味である。T氏が言う。

「一一時ごろに派遣先の販売店へ行きます。打ち合わせをしてから、みんなで昼飯を食べに出るわけですが、中には昼飯代すら持っていない拡張員もいます。そんなときは、団長にテイキをお願いするのです」

購読契約が取れれば、その日のうちに、あるいは翌日に成功報酬の一部を受け取る。三ヶ月契約であれば、五〇〇〇円程度である。後日、さらに七〇〇〇円程度の報酬を受け取る。T氏が続ける。

「お金に困っている時に、拡販活動すれば、自然に熱が入ります。強引にもなります。だから成果があがるんですよ。拡張員の言動をあまり非難するわけにもいかないんです。一番悪いのは人の弱みにつけ込んで、新聞拡販を煽っているヤツらですよ。だれだか分かるでしょ?」

ちなみに拡張員が借金したまま逃亡すると、業界紙の「たずね人」の欄に顔写真や経歴、それに通報者に対する謝礼金の額などが掲載される。一種の指名手配(写真①)である。

拡販の手口

このように新聞拡張団は組織のあり方そのものに問題がある。ところがその組織が、新聞社の経営構造の中にしっかりと組み込まれているのだ。拡張団なくして、日本の新聞社は存在しえないと言っても過言ではない。

具体的にどのような形で拡張団は拡販活動を展開するのだろうか。

拡販の成績が悪い販売店に対して、普通、新聞社は拡張団を使うように要請する。派遣が決定すると、拡張団の団長と販売店主が、使用する景品などを取り決める。景品の経費は販売店が負担する。

景品でもっともよく使われるのは、ビールや洗剤である。今は影を潜めたが、昔は包丁セットが当たり前に使われていたらしい。包丁セットを景品として使用するのは、戦略上の理由による。ある拡張員が言う。

「包丁を差し出しながら、『奥さん、ひと月でいいから取ってください、ひと月、ひと月』って言って脅すんです。『ひと月』は、包丁で『ひと突き』の意味なんです。恐くなってすぐに契約してくれますよ。もちろん今はそこまでひどい勧誘はしないですが。警察の御用になりますからね」

包丁セットの話は、まんざら作り話ではないようだ。福岡県久留米市にあるＹＣ久留米西部の真子弘所長が言う。

「わたしの実家は、父の代から新聞販売店を経営していました。子どもの頃、倉庫に包丁セットが山積みになっていて、なぜ、こんなものがあるのかとても不思議に感じたのを覚えています」

景品として包丁セットが出回った時代があったことでも分かるように、新聞拡販には暴力が伴うことがままある。拡張員が包丁を振り回さなくても、ドアを足蹴りにしたといった話はいくらでもある。

たとえば二〇〇五年の五月三〇日、千葉市の幕張で朝日新聞・販売店で働く従業員が、強引な新聞拡販で逮捕された。もっともこのケースでは、逮捕されたのは拡張員ではなくて、新聞販売店の従業員であったが、新聞勧誘の現場に暴力が入り込んでいることには違いはない。フジテレビの報道によると容疑者は、客の男性が、

「新聞はいいです」

と、断っているのに、

「ありがとうございます」

と、揚げ足を取ったり、

「時間を無駄にしたから、営業の補償をしろ！」

と、言いがかりをつけたという。

勧誘は延々と二時間も続いた。男性が購読を断ったにもかかわらず、翌日、男性宅に朝日新聞が投函された。そこで男性は警察に相談した。ところがそれが容疑者の耳に入ったらしく、

再び男性宅に押しかけてきて、ドアを蹴ったり、叫び声を上げたのである。

二〇〇二年の五月一八日には、やはり朝日新聞・販売店の従業員が千葉県柏市で新聞勧誘をしているうちに、逆上して五九歳の男性を殴り倒し、意識不明の重症を負わせた。

わたし自身も読売新聞のヤクザまがいの勧誘を何度も受けたことがある。

「このあたりは〇〇さんの縄張りだから、今、新聞の購読契約をしなければ、後々、煩わされることになるぞ！」

と、凄んでみせるのだった。

「おき勧誘」とは？

二〇〇七年四月を境に、新聞拡販の光景が少し変わった。新聞業界の自主規制により、景品類のひとつとして使用されてきたビール券や商品券などの金券類の使用が禁止されたのだ。そこで通信販売のカタログを示しながら新聞拡販がなされるケースが増えたという。購読契約の締結と引きかえに、読者はカタログから自分の好みの景品を選び、後日、販売店がそれを届ける。

もちろん、自転車の荷台に缶ビールなどを積んで戸別訪問する光景も続いている。ある業界紙記者が言う。

「先日、新聞販売店を訪問しようとしたのですが、道に迷いました。ちょうどそこに洗剤を山積みした自転車が通りかかりました。洗剤の山積みを見て、新聞拡販の景品に違いないと思いました。そこで自転車の後を尾行していくと、販売店にたどり着きました。これでは新聞屋さんをやっているのか、雑貨屋さんをやっているのか、分かりませんよ。新聞販売店が景品の米を配達したという話も聞いています。三ヶ月契約で米五キロが相場だそうです」

新聞販売店が米を配達する状況は、当事者にしてみれば屈辱的なことに違いない。しかし、そんな事は部数至上主義の前では考慮されない。

さらに現金を手渡して新聞購読の契約をさせる込み入った手口もある。「おき勧誘」という方法である。関東では「爆」とも言うらしい。

拡張員は、

「新聞代をわたしが代わりに払ってあげるから、契約して下さい」

と、話を持ちかける。当然、相手は、

「どういうことですか？」

と、眉をしかめる。

そこで拡張員は、ポケットから一万円札を取り出して、

「新聞代金です」

と、言って現金を手渡す。

勧誘相手に金を払ってまでも購読契約を取り付けた場合、なにかメリットでもあるのだろう

か。常識では理解できないが、実は単純なカラクリがある。相手に現金一万円を与えても、成功報酬がその額を超えれば差額が利益になるという計算があるのだ。たとえば報酬が一万二〇〇〇円であれば、一万円を相手に手渡しても、二〇〇〇円の収入になる。

さらに拡張団によっては、一定の部数を増紙すれば、手当を支給する制度があるので、拡張員たちは「おき勧」をするのだ。たとえば一ヶ月に二〇部増やした場合、一部につき三〇〇〇円の手当が付く制度になっていれば、「おき勧」をしてでも二〇部を達成することで、六万円の手当が入る。

ちなみに同じ現金の提供にしても、単純に景品の代わりに現金を手渡す方法もあるという。本来であれば景品を仕入れるための経費を、このような変則的な用途に割り当てるのだ。もちろん、この方法は販売店と拡張団の間で、合意したうえで行われるが、やはりモラルという観点から心理的な抵抗を感じている販売店主が多いようだ。

このように拡販活動そのものが常識を逸している。金銭に飢えた者でなければできないような奇妙な勧誘が当たり前に行われているのだ。そこに暴力の危険性が潜伏していることは言うまでもない。

本来、新聞というものは、紙面の質、あるいは紙面の評価によって普及するものなのだが、新聞社の販売局にはこうした考えはひとかけらもないようだ。新聞は単なる商品という前提で販売政策を実施しているように見うけられる。ところが新聞関係者は、特殊指定の議論になると、条件反射のように文化性や公共性を持ち出してくる。

販売店が経費を負担

新聞拡販の経費を負担するのは、販売店である。カード料と呼ばれる拡販の成功報酬は言うまでもなく、景品の仕入れ代金も負担する。また、拡張団の本部が遠方にあり、団員が宿泊しなければならない時は、販売店が宿代を支払う。たとえば四人の団員が三泊すれば一二万円ぐらいの宿代になる。

販売店主の中には、経費を節約するためになるべく景品の使用を控えたいと考えているひとも多い。ところが自分だけの判断で経費の支出額を決めるわけにはいかない。拡販の際にどのような景品をどの程度使うかは、拡張団の団長と話し合う。その時に、景品の使用に消極的な姿勢を見せると、団長から新聞社の担当員へ連絡が行き、「減点」の対象にされることもあるらしい。

だから経営基盤の弱い販売店に、新聞社が身勝手な拡張団を半ば強制的に送り込んだりすれば、販売店の経営は傾きかねない。かといって拡張団の派遣を断れば、拡販のノルマが達成できずに「押し紙」が増えていく。それが強制改廃の口実にもなる。このような販売政策の中で、販売店は板挟みになっている。読売系の元拡張員が告発する。

「バブルの時代には、新聞社はテレビなど大型の景品を使うように命じました。その結果、一店あたり、景品だけで少なくとも月に一〇〇万円ぐらいの経費を使っていたと思います。景品をけちる販売店は、本社に通告していました」

経営基盤の弱い販売店にとって唯一の対策は、「押し紙」を景品代わりに使うことである。いわゆる「無代紙」とか「サービス紙」と呼ばれる新聞を、一定の期間、無料で配達するのだ。もちろん景品を提供したうえに、さらに「無代紙」をサービスするケースもあるが。

「押し紙」は、卸代金を支払っているにもかかわらず破棄するのであるから、「サービス紙」として利用しなければ損だというのが販売店の考えである。

わたしが保管している産経新聞・四条畷販売所における商取引の書類、いわゆる『今西資料』に、同店の新聞購読申込書がある。それを見るとほとんどの申込書に「サービス紙」を意味する「S」の文字が見られる。サービスの期間は三ヶ月から六ヶ月ぐらいである（資料②）。

サービス紙を読者へ提供することによって、長期的に見れば購読料にも差異が生まれる。サービスを受けられる読者と受けられない読者では、相対的にみれば購読料が異なるからだ。つまり再販制度が謳っている「同一紙・同一価格」の原則は、新聞関係者みずからが踏みにじっているのだ。それにもかかわらず新聞関係者は特殊指定の堅持を叫んでいる。

販売会社の営業部

新聞拡張団とは別に新聞社が経営する販売会社の中に、新聞拡販の役割を担った部署が存在

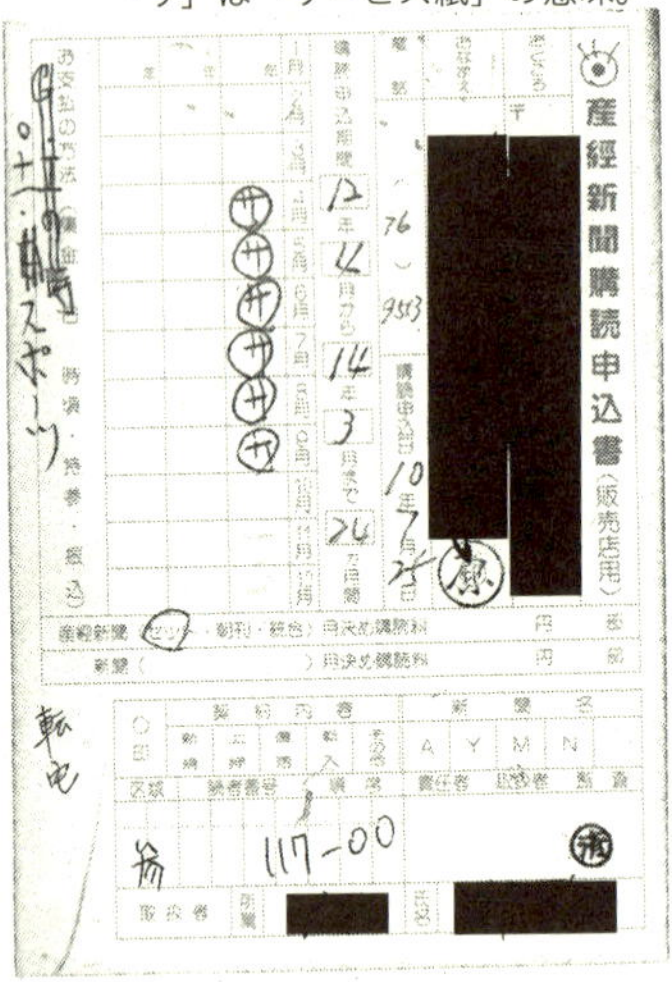
産經新聞購読申込書（販売店用）
[redacted]
[redacted]

資料②　新聞申し込み書。「サ」は「サービス紙」の意味。

することもある。たとえば兵庫県の西宮市に本部を置き、一二の店舗を持つ朝日新聞N販売（株）のケースである。同社ではおもに自社の営業部員がこれらの店舗を拠点にして、拡販活動を行う。もちろん拡張団の援助も受けるが、拡販を主導するのは営業部である。そんなこともあってか、拡販活動に闇社会との接点はないが、営業部員の給料体系は拡張団の団員と同等に劣悪だ。

販売会社でも、営業部員にむち打って、新聞拡販を強いる販売政策が徹底しているのだ。さすがに基本給は設定されているが、営業成績によって、三ヶ月毎に見直しが行われる。図③に示すように基本給のランクは一から一〇まである。一のランクは七万九〇〇〇円。一〇のランクは、一五万二〇〇〇円である。

基本給のランクを見直す際の基準となるのは、新聞の購読契約の獲得数である。新聞業界では「件数」という代わりに「枚数」という表現を使う。七五枚以上は二ランクアップである。六〇枚から七四枚は、一ランクアップである。四五枚から五九枚は変動なし。逆に三〇枚から四四枚は一ランクダウンする。さらに〇枚から二九枚は、二ランクダウンする。

図③　営業社員の給与体系を示す書類。
基本給は 1-10 のランクがある。「カード料」とは、拡販の成功報酬である。１ヶ月契約で 500 円、３ヶ月契約で 2000 円……。「止起」とは購読の継続の意味。「上段プレ」とは、長期の購読契約を取り付けた時の賞金。「枚数奨励」は、一定の枚数を獲得したときに支給される手当。

営業社員

基本給

1	79,000	*ランク1の者は営業担当直轄で各支店の営業サポートの仕事をしてもらう
2	90,000	
3	98,000	
4	106,000	
5	112,000	
6	120,000	
7	128,000	
8	136,000	
9	144,000	
10	152,000	

カード料	新起	上段プレ	止起	
1	500		250	*日経は本紙と同額で1年を上限とする
3	2,000		1,000	*日刊は現行金額のまま
6	4,000		2,000	3ヶ月1,000円
12	6,000	1,000	3,000	6ヶ月2,000円
24	8,000	1,000	4,000	12ヶ月以上3,000円
36	10,000	1,000	5,000	

注）起こしの定義は契約日が止まってから6ヶ月以上経ったものとする

枚数奨励

本紙3ヶ月以上縛り新規起こしのみの枚数（止め起こしは含まず）

15枚	15,000
20枚	30,000
25枚	40,000
30枚上	60,000

住宅補助

独身者	30,000
妻帯者	50,000

基本給変動システム

3ヶ月間の揚げカード合計枚数（本紙3ヶ月以上縛り新規、起こしのみの枚数）
*交流拡張の他店分も含む

75枚以上	次の3ヶ月	2ランクアップ
60～74枚	〃	1ランクアップ
45～59枚	〃	アップダウンなし
30～44枚	〃	1ランクダウン
0～29枚	〃	2ランクダウン

*基本給の見直しについて
3ヶ月に1度（1、4、7、10月に）基本給の見直しをする

営業部員の給料の内訳で大きなウエートを占めるのは、新聞拡販の成功報酬である。しかし、これは拡張団の成功報酬に比べて極めて安い。三ヶ月契約の場合、拡張団では総計で一万円を超えると聞くが、朝日新聞N販売（株）では、二〇〇〇円にしかならない。基本給が設定されているのがその理由ではないかと推測されるが、これでは営業成績が振るわなければ、成功報酬による収入も基本給も減り、営業部員は二重の打撃を受けることになる。

拡張団に所属している拡張員にしても、販売会社の営業部員にしても、厳密な成果主義の下で新聞の拡販活動を強いられていることには変わりがない。

新聞購読者の住所をつきとめる別の役割

しかし、新聞拡張団の役割は単に新聞拡販だけではない。すでに述べたように拡張団は、「暴力装置」を働かせて別の役割をも果たす。たとえば新聞社が販売店を強制改廃する前には必ず、実地に読者の居住地を地図に書き込み、たとえ解任される店主が順路帳（配達ルートを明記したノート）の提出を拒んでも、配達に支障をきたさない体制を整えるのだが、これを担当するのが拡張団の団員である場合が多い。具体的に、どのような方法を採るのだろうか。二、三の例をあげてみよう。

最初に紹介するのは、二〇〇七年五月二一日から二三日にかけて、朝がたに毎日新聞社が大阪府箕面市で行った「読者調査」の例である。

発端は、二〇〇六年の六月に毎日新聞・箕面販売所の杉生守夫所長が、「押し紙」で被った約六三〇〇万円の損害賠償を求めて、大阪簡易裁判所に調停を申し立てたことである。（この事件については、本書の２章でも取り上げた）。

しかし、調停は合意に達せず、二〇〇七年の五月一九日に杉生氏は、大阪地裁に「押し紙」裁判を提起した。「押し紙」の負担を強いられ、新聞の卸代金を支払うために自宅も売却せざるを得なかったこれまでの経緯を考えると、当然の措置だった。

これに対して毎日新聞社は、二一日の早朝から総勢六人で箕面販売所の配達員たちを尾行して、新聞購読者の住所を突きとめる作業を始めたのである。強制改廃の準備である。

バイクに乗った男は、配達員が新聞を投函するたびに、その家の表札を、大声で読み上げたという。しかも、名前は呼び捨て。夜明け前の街に男の声が異様に響いた。バイクを暴走させたりもしたらしい。

わたしはこの件で、日本新聞協会の会長で毎日新聞社の社長である北村正任氏に対して公開質問状（資料④）を送った。送付先は日本新聞協会と、毎日新聞社の社長室である。しかし、回答らしい真っ当な回答はなかった。質問状の中で、実行部隊の名前を公表すること、尾行の目的を明かすこと、それに日本新聞協会が実施してきた「押し紙」対策を説明することなどを求めたのだが。

まず、日本新聞協会は総務部長が対応して、口頭でこの問題は毎日新聞社の問題なので、新聞協会が回答する立場にはないとわたしに伝えた。

毎日新聞社は、次のように書面で回答した。


一方的な立場、見解に基づいたご質問にはお答えできません。箕面販売所問題についてのご質問には、訴訟になったことが確認できれば、裁判の中で明らかにしていきます。


毎日新聞社・大阪本社の販売局にも問い合わせてみたが、やはり実行部隊の正体は明かせないとのことだった。

そこでわたしは現役の販売店主に尋ねてみた。

「断言はできませんが、新聞のセールスチームの可能性があります。新聞のセールスチームが、読者調査を行うことはよくあるんです。発行本社は、そのことを口にしないでしょうが」

尾行したのがどのような人物であろうが、少なくとも配達員を尾行して、購読者の所在地を確認する作業を行った事実は消えない。

二〇〇一年に起こった京都新聞・藤ノ森販売所の強制廃業事件のときにも、戸別訪問による読者調査が行われた。しかも、調査に動員されたメンバーは、「日本新聞協会の者です」と嘘を名乗って戸別訪問したと聞いている。

福岡県の真村裁判の原告である真村久三氏も、読売新聞社から読者調査の対象にされたこと

資料④　公開質問状

公開質問状　2007.5.25

日本新聞協会会長・毎日新聞社社長・北村正任会長

発信者：黒薮哲哉（電話・FAX：[redacted]）

わたしは新聞販売黒書というサイトを運営している者です。また、フリーライターとしても仕事をしております。

さて、貴殿が社長を務められている毎日新聞社の販売政策について、お尋ねしたいことがあり、公開質問状を提出させていただきます。回答は、インターネットを通じて、配信します。また、雑誌や現在制作中の書籍にも反映したいと考えております。

質問の背景：

毎日新聞・箕面販売所は5月19日（金）に、代理人を通じて、大阪地裁に「押し紙」の損害賠償を求める裁判を提起しました。すると5月21日（月）の早朝より、新聞の配達時間になると、計6名の男性がオートバイで、配達員の後を尾行するようになりました。

このうちの数名は、読者の名前を大声で呼び捨てにしたり、オートバイの暴走を繰り返すなどの迷惑行為を繰り返しました。

わたしが大阪本社の販売局（上田薫局長）に、何が目的なのかと問い合わせたところ、「読者調査をして何が悪い」と開きなおった対応を受けました。そして電話は一方的に切れました。

以下、質問させていただきます。

1、このハラスメントは何が目的で、販売局の誰が指示して、だれが実行したのでしょうか。調査の上、関係者全員の名前を公表していただきたい。

2、箕面販売所の「押し紙」はいうまでもなく、毎日新聞社は、大半の販売店に対して「押し紙」政策を実施されていますが、これを中止される用意はあるのでしょうか。

必要であれば、貴社の「押し紙」や「押し紙」政策に関する資料を公開いたします。また、折込チラシを破棄している証拠についても同様です。公共広告の破棄は、住民訴訟にもなりかねません。

3、新聞協会として、日本全国の「押し紙」の問題にどう対処されてきたのでしょうか。販売店の多くが、発行本社の販売会社に組み込まれている現在、「『押し紙』は販売店の問題だ」とは言いのがれできないと思います。

チラシの破棄に関しては、山陽新聞の販売店でチラシを段ボールに入れて、トラックで運んでいるビデオが撮影されています。特殊指定の問題で、貴殿が推し進められた政界工作よりも、「押し紙」問題の解決が先ではないかと思いますが。

以上、3点の質問につき、5月31日までに回答いただくようにお願いします。

がある。真村氏が回想する。

「知らない男が尾行してくるわけですから、気味悪かったですね。女性の配達員は、身の危険を感じて、途中で販売店へ引き返したのです。読売新聞社に抗議すると、今度は昼間に全戸を訪問して聞き込みの方法で読者調査を始めました。わたしはそれを読者からの連絡で知りました」

真村氏のケースでは、尾行したり、読者調査をした組織が判明した。筑後地区を中心に新聞の拡販活動を展開している読売新聞系のSPという拡張団であった。

本来であれば、読売新聞社に対して「読者調査」の作業代が請求されなければならないが、SPが誤って真村氏に宛てて請求書を送ったために正体がばれたのである。請求額は四〇万円だった。しかも、読者調査の名目で請求する代わりに、新聞拡販の成功報酬として請求されていた。

その他、すでに述べたように代配要員の派遣元も拡張団のことが多い。暫定的に配達員の代用を務める。新聞配達は手作業であるから、販売店はどうしても人員を確保しなければならない。郵便物であれば、半日か一日ぐらい配達が遅れても大きな支障はないが、新聞はそんなわけにはいかない。朝刊はその日の夕方にはほとんど価値がなくなる。

それゆえに配達に穴を開けない体制が求められる。このような状況のもので配達要員を派遣できるシステムを築くには、どうしても便利屋のような予備軍が必要になる。そこで利用されるようになったのが、新聞拡張団である。

さらに繰り返しになるが、販売店の強制改廃に際して行われる金の精算に拡張団の団員が立ち会ったりする。また、新聞社の担当員が団員に小遣いを出したり、酒を飲ませたりして、販売店に対するスパイの役割をさせる。新聞社に反抗的な販売店を密告させるのだ。

資料⑤　間違って送られてきた作業代の請求書

SP部拡張取立金明細書

平成 13年 7月度

（株）読売西部情報開発 SP部
TEL 093(533)4301

広川　殿

	枚数	カード料		店負担助成金		交通費	合計金額
		単価	金額	単価	金額	@400	（消費税込）
単		800	0	500	0	0	0
3	125	2,000	250,000	800	100,000	50,000	400,000
6		3,600	0	1,300	0	0	0
12		6,100	0	1,800	0	0	0
24		7,100	0	1,800	0	0	0
計	125		250,000		100,000	50,000	400,000

※ 上記明細の通りご請求申し上げます。
尚、ご不明の点がありましたら、直ちにご連絡ください。

このように日本の新聞社が巨大な部数を誇るようになった背景にある販売政策や販売店管理を検証してみると、そこには「暴力装置」が組み込まれていることが判明する。日本の新聞社が誇る発行部数は、断じてジャーナリズム活動の評価に裏打ちされたものではない。また、特殊指定を維持するための理由として、新聞関係者が主張する新聞の文化性によって巨大化したものでもない。

改めて言うまでもなく、「暴力装置」によって育てられた新聞社が公権力や社会悪に対峙できるはずがない。

7章　個人経営の販売店から販売会社へ——特殊指定撤廃をみこして

新聞社が販売会社化をいそぐ理由

最近の新聞業界の特徴的な動きのひとつに新聞販売網の合理化がある。販売店を整理・統合して販売会社に組み込む動きである。販売店の店舗を見ただけでは、それが販売会社の店舗なのか、それとも個人店なのか見分けがつかないが、公式の書類の上では、すでにかなりの店舗が販売会社の所有になっている。

福岡市の西部地区における読売新聞・販売店の販売会社化について、YC小笹の元店主で現在「押し紙」裁判を闘っている塩川茂生氏が言う。

「わたしがYC小笹の店主になった一九九八年には、三一店の店舗がありましたが、二〇〇三年に廃業したときは、二六店になっていました。このうち個人店はわずかに一〇店になっていました」

読売新聞社の代表的な販売会社のひとつに、関東、関西、それに九州などに傘下の販売店を持つユースがある。ユースは将来的には、読売新聞社の販売局の役割を代行するようになるのではないかと、わたしは予測している。朝日新聞社もやはり、販売店を販売会社に組み込む作業を進めているようだ。販売店の何パーセントが販売会社の傘下になっているのかを示すデータは公表されていないが、個人店が販売会社に組み込まれたという話はよく耳にする。

それにしても新聞社はなぜ、個人経営の販売店を販売会社に再編する必要があるのだろうか。それは第一に新聞の読者ばなれが急速に進行するなか、販売店を統合して合理化を図らなければば、採算性が悪くなるからだ。配達部数が減っているのに販売店数を減らさなければ、当然、経費に無駄が生じる。そこで配達部数に釣り合った販売店数に調整する必要があるのだ。

新聞社が販売会社化をいそぐ第二の理由は、政府が進める規制緩和策の下で、特殊指定（再販制度）の撤廃が予測されているからだ。新聞関係者はこれまで政界工作を進めるなどして、特殊指定を撤廃する動きに抵抗してきた。そしてなんとか目的を達してきたが、規制緩和という大きな流れのなかで、特殊指定の維持は暫定的なものに過ぎないというのが大方の見方である。

余談になるが、政府の規制緩和策を「宣伝」してきた張本人は新聞である。他の業界における規制緩和を煽っていながら、新聞業界だけは例外という主張が世論の支持を得ないことも付け加えておかなければならない。

特殊指定が外れた経済環境の下では、販売店相互が自由競争を展開する公算が強い。これを食い止めるためには、あらかじめ各販売店を統括するシステムを確立しておかなければならない。そのための最良の方法が、個人の販売店を販売会社の傘下に組み込むことである。あるいは特殊指定が撤廃されたときに、ただちに組み込める体制を整えておくことである。

具体的にどのようなかたちで販売会社化が進んでいるのか、兵庫県の阪神地区における朝日新聞社の例を紹介してみよう。６章で引き合いに出した朝日新聞N販売（株）のケースである。

この会社の登記簿を基に取締役の構成を調べたところ、朝日新聞・大阪本社の販売局員と阪

写真①　朝日新聞N販売

神地区の有力な販売店主たちの名前が並んでいた。たとえば取締役の一人であるK氏は、複数の販売店を所有している。経営形態は販売会社である。

仮にK氏の販売会社と朝日新聞N販売が合併すれば、朝日新聞社はたちまちみずからの販売会社の規模を拡張できる仕組みになっている。それを前提にして、K氏が取締役になっているのかも知れない。

朝日新聞N販売の他の取締役が経営している販売店についても、朝日新聞社は同じ方法で、販売店の販売会社化を進めることができる。

朝日新聞N販売が設立されたのは、一九七四年五月一日である。もちろん当初は再販制度の撤廃に対する防御が目的ではなかった。関係者の話によると、この会社は朝日新聞社が販売店を改廃した時、新しい店主が見つかるまで、暫定的に管理の役割を担ってきたという。

労組委員長の解雇

二〇〇七年三月に朝日新聞社の近未来の販売政策を予測させるある事件が起こった。朝日新聞Ｎ販売の労働組合の委員長が解雇されたのだ。

わたしはこの解雇事件が販売店の整理・統合を強行する前触れのような気がする。言うまでもなく合理化策は〝痛み〟を伴う。そこで組合の委員長を解雇して、反対勢力を取り除いた上で、合理化策を実施しようとしているのではないか。

わたしの推測が正しいとすれば、これから先、朝日新聞・販売店は大変な苦難の時代を迎えるかも知れない。

朝日新聞Ｎ販売の労働組合は二〇〇四年の八月に、Ａ氏を委員長として七名で結成された。結成の直接の動機は、会社の経営陣が営業部員をひとつの店舗だけに配属する方針を打ち出したことである。新聞の普及率には地域差があるので、営業地域を限定してしまうと、拡販活動を行なう際、営業部員の間に不公平が生じる。Ａ氏らは、団体交渉を重ねて、それを撤回させた。その後も、残業代の未払いに対して、労基署と交渉して改善させるなどの成果をあげた。こうした実績が、社員からも評価され、Ａ氏は選挙により社員代表にも選ばれていた。いわば経営陣にとって、Ａ氏の存在は、販売店の整理・統合を進める上で大きな障害と映ったのかも知れない。

二〇〇七年一月一六日、経営陣はＡ氏に対して、ある業務命令を下した。営業サポートと称して、ＡＳＡ夙川東で夕刊を配達するように命じたのである。しかも、それに対する報酬は支払われない。

前章で述べたように、朝日新聞N販売の営業要員の給料体系は三ヶ月毎に評価される成果主義である。新聞拡販の業務に、夕刊配達の業務が加わるとなれば、拡販に最も適した夕方の時間帯に拡販活動ができない。当然、A氏は業務命令を断った。

これに対して経営陣は、二月六日にA氏に対して三日間の出勤停止処分をだし、始末書の提出を要求してきた。さらに一三日には、A氏に対して二回目の業務命令を出した。内容は初回と同じように、ASA夙川東で夕刊の配達を命じるものだった。もちろんA氏は断った。すると今度は七日間の出勤停止処分を行った。A氏は、処分を受けずに仕事を続けるために、有給休暇の届けを出した。

三月一〇日になって、同社のT社長は、A氏に対して意思を確認した。

A氏のメモによると社長は、

「心境の変化は？」

と、尋ねた。

「ありません」

「配達する気はないのか」

「就業規則の『営業サポート』は夕刊配達とは思っていません」

さらにA氏は、人員不足であれば管理職が配達のサポートをすべきだと主張した。これに対

してT社長は、

「わかった、もう終わり！」

と、声を張り上げたという。

それから二日後の三月一二日、A氏は懲戒解雇の通告を受けた。

こんなふうに順を追って経緯をたどってみると、あたかも最初に解雇の計画があったかのような印象を受ける。

A氏は、解雇の撤回を求めて二〇〇七年八月六日、大阪地裁で裁判を提起した。その中で解雇の真相は明かされると思われる。裁判所がどのような判断を下すにしろ、組合の委員長を社から追放したことで、朝日新聞N販売は販売店の整理・統合を推し進めていく上で大きな障壁を取り除いたことだけは疑いない。

なお、朝日新聞の販売会社は、兵庫県の南部だけでも朝日新聞N販売の他に、三つの販売会社がある。これらの販売会社が、それぞれ個人経営のＡＳＡを吸収合併していけば、やがて持ち株会社というかたちで、朝日新聞社の販売会社の連合体が生まれるだろう。

改めて言うまでもなく、これは巨大な専売会社である。

暴力装置を利用した販売店の整理・統合

読売新聞社も販売店の整理・統合を進めている。販売会社が台頭してくる背景そのものは、朝日新聞社の場合と同じだが、合理化の手口は社によって多種多様だ。必ずしも組合つぶしから着手するとは限らない。第一、読売新聞社の販売店が組合に加入しているという話は聞いたことがない。

読売新聞社の場合は、極めて特異な方法で合理化を進めようとしていると思われる例もある。具体的には闇社会と係わりをもっていた店主に販売店の整理・統合の役割を推進させることで、恐怖を煽り立て、強引に合理化を進める方法である。

5章で新聞拡張団と「暴力装置」の関係に言及したが、販売店の整理・統合にも「暴力装置」が働く場合がある。

その典型的な事件が二〇〇二年に裁判に発展した販売店の連続改廃事件である。事件の構図そのものは単純で、かつて闇社会とかかわりを持っていたM氏という販売店主が、福岡県の久留米市を中心とした筑後地区で読売新聞社の支援を受けながら、次々と販売店の経営権を手に入れていったというものだ。闇社会に身を置いた経歴が、他店の店主たちに恐怖感を与え、抵抗の牙をそぎ取ったようだ。

暴挙に等しいM氏のビジネス戦略を読売新聞社が全面支持したのは、すでに述べたように、ひとつには特殊指定撤廃を見越した体制づくりが目的だと思われる。特殊指定が撤廃されたとき、販売店全体を販売会社に組み込んでいなければ、販売店相互の自由競争が起こって共倒れになりかねない。と、なればある程度のビジネスセンスがあり、統率力のある人物を販売網のトップに据える必要がある。

これはわたしの推測になるが、読売新聞社にとって、M氏の過去の経歴は、筑後地区の販売店網を統括する上で好都合だったのではないか。新聞拡張団を使った強引な新聞拡販で、世界一の新聞発行部数を築き上げた読売新聞社であるから、合理化策においても「暴力装置」を利用すれば販売店の整理・統合がスムーズに進展すると考えたのではないだろうか。読売新聞社としては、M氏と提携関係を結べば、スムーズに販売店の管理・支配ができる。あるいはM氏が統括する販売店を自社の販売会社に組み込むことも決して不可能ではないだろう。

反旗を翻した販売店主

しかし、筑後地区における販売店の再編は、ある時期から読売新聞社とM氏の思惑どおりには進展しなくなった。三人の販売店主が地位保全を求めて裁判を起こしたのである。YC広川の真村久三、YC久留米中央の荒木龍二、それにYC宮の陣の松岡進の各氏である。

このうち真村氏の身の上に初めて事件が降りかかってきたのは、二〇〇一年の五月一七日の夕方だった。この日、読売新聞・西部本社の担当員が八女郡広川町にあるYC広川を訪れた。真村氏が回想する。

「担当員は、地図を広げて隣接するYC販売店との境の位置を確かめてから、配達地区の一部を本社へ返すように命じたのです」

当時、ＹＣ広川は約一五〇〇部の新聞を配達していた。このうち担当員が返上を求めた配達地区には、真村氏の販売店が新聞を配達している世帯が約五〇〇戸あった。返上を要求した理由は、世帯数が増えた割には、読者が増えていないので、これ以上この地区を担当させるわけにはいかないというものだった。

しかし、真村氏は新聞拡販の成績が優秀でこれまで四回も表彰されていた。配達部数も順調に伸びている。

「理由はそれだけですか」

真村氏の質問に、担当員は、

「隣接店でなければね」

と、謎めいたことを呟いた。ＹＣ広川の隣接店はＭ氏の弟が経営していた。かりにＭ氏の弟が経営者でなければ、このような要求はしなかったという意味だった。Ｍ兄弟は新聞販売店の経営を初めとして、新聞拡張団や折込広告代理店の経営など、手広く新聞ビジネスを展開していた。

読売新聞社は、真村氏に配達地域の一部を返上させた上で、それを隣接するＹＣに譲渡する計画だったようだ。

配達部数が一五〇〇部しかない販売店が、五〇〇部を奪われる影響は計り知れない。経営が成り立つかどうかもあやうい。読売新聞社はそれを承知の上で、五〇〇部の返上を求めたものと思われる。ＹＣ広川が経営難になるのを待って、経営権をＭ氏の弟に譲渡させようという目論みだったのではないか。

もちろん真村氏は、読売新聞社の要求を受け入れるわけにはいかない。江上武幸弁護士に相談して地位保全の仮処分を申請した。裁判所は真村氏の訴えを認めた。これに対して読売新聞社は、別の手段で真村氏を廃業へ追い込む戦略を打ち出してくる。新聞の増部目標を定めて、未達成の場合は、取り引きを中止する旨を伝えてきたのである。

その増部数は二〇〇一年一二月から翌年の七月までの八ヶ月間で、一一〇部だった。実質的には不可能な数字である。しかも、読売新聞社は「それが出来なければ、取引中止をされても異議は申しません」という誓約書まで真村氏に突き付けたのである。

真村氏は捺印を断った。すると次に読売新聞社はＹＣ広川を「死に店」として扱うと通告してきたのである。「死に店」とは、販売店の生殺しという意味である。担当員はわざわざメモにしてそれを真村氏に伝えた。

しかし、皮肉なことにこのメモには読売新聞社の強権的な販売政策を言外にほのめかす事柄が書かれていた。たとえば新聞の供給部数を「自由増減」にする旨が通知されたのだが、これは裏を返せば、これまでの取引では部数を店主の判断で自由に増減する行為が許されていなかったことを意味する。すなわち「押し紙」政策が読売新聞社にとって当たり前の政策で、「自由増減」を認めていなかったことを自ら示したのである。

ちなみに「自由増減」になれば、「押し紙」はなくなるが、同時にそれは読売本社からの援助がすべて打ち切られることを覚悟しなければならない。もちろん担当員とコミュニケーションが取れなくなる可能性もある。

その他、メモには、増紙の支援を行わないことや、所長年金の中止、それに販売店主の集まりである読売会からの除名などが記されていた。いわゆる「死に店」の状態である。

久留米市でも改廃事件

広川町の隣に位置する久留米市でも、M氏がからんだ同じような事件が持ち上がっていた。YC久留米中央を経営する荒木龍二氏が、真村氏と同様に読売新聞社から配達地区の一部返上を迫られていたのである。

もちろん荒木氏は申し出を断った。すると読売新聞社は荒木氏に対しても、契約を解除するための口実探しを始めたのである。それが頂点に達したのは、二〇〇一年の八月三一日だった。荒木氏が回想する。

「午前九時ぐらいだったでしょうか。担当員とその上司がわたしの店にやってきました。店の中の椅子に腰を下ろすなり、『読者一覧表』を出すように命じてきました。この時、わたしはいよいよ自分の店もつぶされるのだと覚悟しました」

しばらく押し問答が続いた後、担当員が荒木氏に対して、

「契約違反ですから、商契約を解除します」

と、宣告を下した。一覧表の提出を拒否したことが契約違反と見なされたのだ。読売新聞社に限らず、新聞社は販売店の帳簿類の閲覧権を持っている。

それから二日後、朝刊を最後に読売新聞社はYC久留米中央への新聞の供給を中止した。もぬけの殻となったYC久留米中央の近くには、すでにYCの新しい店舗ができていた。そこから読売新聞社は新聞を配達するようになった。配達員として近隣のYCで働く人々が臨時に動員された。このYCの店主にM氏が就任したことは言うまでもない。

YC久留米中央に対する読者調査も改廃に先立って完了していた。しかし、調査に応じない読者がいたために、新店舗からの配達に切り替わった直後は、新聞が届かないケースがあちこちで発生した。苦情の電話が次々と荒木氏のもとにかかってきた。放置しておくわけにもいかないので、荒木氏は新しい販売店の連絡先を読者に伝えた上で、隣接するYC久留米西部の真子弘所長から予備紙（「押し紙」）を譲り受け、苦情を訴えた読者の元に届けたのである。

ちなみにYC久留米西部の真子弘所長は、荒木氏に協力したことが引き金となって、読売会を除名された。

久留米市の郊外にあるYC宮の陣も読売新聞社による販売政策のターゲットになった販売店である。店主の松岡進氏は、結婚と同時に父親から販売店を引き継いだ。その時はたった三〇〇部程の配達部数だった。

宮の陣は田畑が多く民家はぽつぽつと点在していた。そのために新聞配達や集金には苦労の多い地域だったが、松岡氏は奥さんと一緒に地道に仕事に取り組んだ。一九八〇年に、団地ができてからは、人口増に伴い急激に部数も増えて販売店の経営は安定した。

読売新聞社は二〇〇一年一〇月ごろから松岡氏に対して販売店の経営を断念するように説得し始めた。その際に持ち出してきた理由は、真に奇妙なものだった。松岡氏自身も笑いながら語る。

「わたしは人がいいので、販売店主には向いていないと言うんですよ。強引な拡販ができないという意味でしょうね。申し出を断ると、就職先を斡旋するので退任してほしいと食い下がってきました」

読売新聞社が松岡氏に紹介した再就職先は、M氏が経営する折込チラシの代理店だった。YC宮の陣の後任に、M氏が座る予定だったことは言うまでもない。

三人の販売店主は真村氏を中心に原告団を結成した。そして二〇〇二年九月二五日、福岡地裁・久留米支部へ地位保全の訴えを起こしたのである。ここに至るまで、真村氏だけではなくて、荒木氏も地位保全の仮処分を申請するなどの動きがあったが、三人の販売店主が裁判に踏み切ったことにより係争の舞台が一本化されたのである。

争点になったのは、三人の原告がそれぞれ経営するYCを読売新聞社が改廃するに際して正当な理由を示したかどうかという点だった。たとえば真村氏のケースで読売は、真村氏が配達部数の虚偽報告をしていたから改廃は当然だと主張した。これに対して真村氏は、虚偽の配達部数の実態は「押し紙」であり、そのことを読売新聞社も知っていたはずだと主張した。

結論を先に言えば、福岡地裁・久留米支部は読売新聞社の主張を退け、真村氏らの訴えである地位保全を認めた。虚偽報告には違いないが、販売店を改廃するほど深刻なものではないと判断したのだ。

しかし、荒木氏に関しては、すでに販売店がつぶされていたので、判決が出るまえに和解した。荒木氏が要求した三〇〇〇万円のうち、二六〇〇万円が認められたのであるから、実質的には荒木氏の勝訴である。その後、真村氏と松岡氏の裁判は福岡高裁へ移った。

M氏の新聞ビジネス

この事件の背景にいるM氏とはどのような人物なのだろうか。M氏が展開しているビジネスのおおよそを説明しておこう。M氏が新聞販売店の経営に乗り出したのは、一九七三年である。しかし、販売店の経営に関しては、一九九五年まで際だった動きはなかったようだ。ところがこの年を皮切りに、次々と販売店を取得していく。年表②は、M氏の陳述書を元に作成したYCの取得歴である。

その他に、既に述べたように折込チラシの代理店と新聞拡張団を経営している。

ちなみに新聞販売店と折込チラシの代理店の兼営は、新聞業界の常識に反している。普通は、

年表②　M氏の陳述書に基づく販売店取得の年表

1973（昭和48）	年 6月	大川店にて販売店を始める。
1995（平成 7）	年 5月	柳川店取得
〃　〃	年 7月	長門石店取得
1996（平成 8）	年 4月	鳥栖北店取得
〃　〃	年10月	蓮池店取得
1998（平成10）	年 5月	城島店取得
2000（平成12）	年12月	合川南店と合川北の一部（山川地区）取得
2001（平成13）	年 7月	大川東店　（陳述書には記載なし）取得
〃　〃	年10月から12月にかけて宮の陣の勇退の話。	
〃　〃	年10月	長門石店と久留米北の交換話。
〃　〃	年11月	久留米中央の一部譲受の話。
〃　〃	年 〃	御井町の店舗を東櫛原町へ移転。
2002（平成14）	年 1月	東櫛原町に新事務所を開設。
〃　〃	年1月から3月の間この頃に文化センター前店の一部譲り受け。(時期の特定は陳述書にはない)	
〃　〃	年 3月	久留米北店（長門石店と交換）
	年 5月	蓮池店を平田氏へ譲渡。
〃　〃	年12月	久留米中央店の一部区域取得

販売店と折込チラシ代理店は兼営しないルールになっている。と、言うのも折込チラシ代理店は、折込定数を決定する権限を持っているので、販売店の経営者が折込チラシ代理店の経営者を兼ねていれば、折込チラシの水増しを目的として、折込定数を嵩上げする恐れがあるからだ。

　ところがM氏は、これら二つの事業を同時に展開している。こうした例外を読売新聞社が認めている事実ひとつを取り上げてみても、読売新聞社とM氏の特別な関係が浮かび上がってくるのだ。

　一方、M氏が経営する新聞拡張団に関してもさまざまなエピソードがある。まず、発足当時の団の名称が、読売二十日会だった。「二十日会」という名前は関東に拠点を置く指定暴力団の名称である。厳密には関東二十日会と言う。「読売」と「二十日会」を併せて読売二十日会にしたのかも知れない。ちなみに現在の名称は、ヒューマンコーポレーションである。

一九九六年五月一四日には、真村氏の販売店でＭ氏が暴力事件を起こしている。暴力事件の引き金は、営業成績が優秀な真村氏に対して読売新聞社が新聞拡張団を組織して人材を募集し、ＹＣ広川で研修するように打診したことだった。この新聞拡張団は、旧来の「暴力装置」的なものではなくて、正常な営業活動で成果を上げようという趣旨のものだった。当時の読売新聞社には、正常な拡販を展開すべきだと考えている担当員もいたようだ。

新しい新聞拡張団の話がＭ氏の逆鱗にふれたのは、経営者としての才覚がある真村氏が台頭してくると自分の職域が侵される可能性があると考えたからに違いなかった。そこでＭ氏は、五月一四日の夕方、二〇名程の販売店主たちを引き連れて、ＹＣ広川に押しかけて来たのである。

真村氏によると、この日の六時半ごろに、Ｍ氏から電話があったという。

「かなり興奮していて意味がよく聞き取れませんでしたが、今からＹＣ広川へ来るとのことのようでした」

それから一時間たらずで、Ｍ氏らが到着した。真村氏の証言と陳述書をもとに、その時の様子を再現してみよう。押しかけてきたのは、Ｍ氏を含めて総勢一〇数人だった。彼らはベンツやキャデラックなど派手な外車でやってきたのである。

最初にＭ氏と懇意にしている一人の販売店主が店舗に入った。その後からＭ氏が姿を現して、

図③　暴力事件が起きた時の位置関係

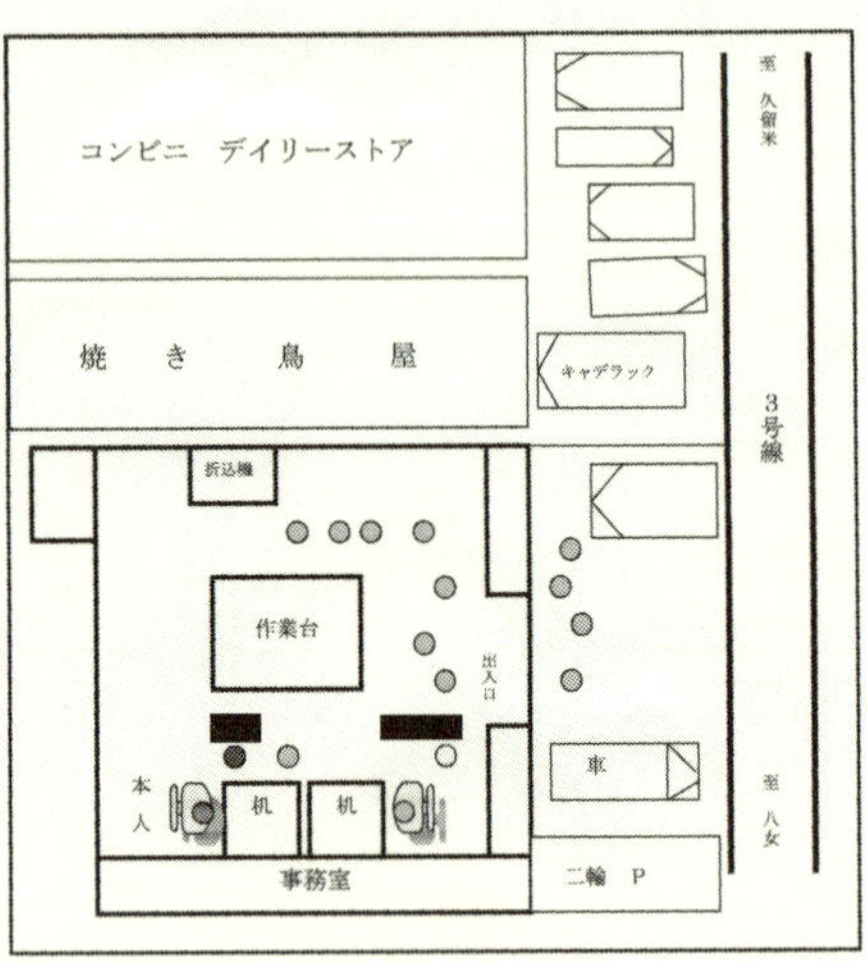

「あんたはどげん思うとっと」

と、叫び、真村氏の頭を四、五回小突いた。それから手に持っていた缶ジュースを床に叩きつけ、さらに慌ただしく電話機をひっくり返した。

「お前は自分だけ良ければいいのか。SH（店舗間の交流拡販）にはなぜこない。少し部数が増えたからといって、いい気になるな」

一五分ほどして読売新聞社の担当員がやってきた。M氏が前もってYC広川に来るように連絡していたらしい。M氏は担当員の首根っこを摘み上げて、

「お前はなんばいばっとるか、おれがちょっと動くと、ここにいる所長全員が動くぞ」

新聞の配達を止めることもあり得ると脅しているのだ。

「部数にして三万部はあるぞ、おれが読売会を出ていくか、こいつを辞めさせるか？　どっちか」

担当員に向かって、M氏は真村氏を解任するように迫ったのである。しかし、担当員はそれには応じなかった。

「それは出来ない、それだったらわたしが辞める」

この事件を通して分かるように、M氏は筑後地区の販売店主たちを力によって統率し、担当員に劣らない権力を持っているのだ。しかし、読売新聞社が本気でM氏を押さえ込む意思があるのならば、それは決して不可能なことではない。が、読売新聞社が選択したのは、M氏の排除ではなかった。逆に当時の担当員を別の部署へ異動させたのである。しかもこの事件を機にして、真村氏は新聞拡張団の派遣を受けられなくなった。

なぜ、読売はM氏を優遇する選択をしたのか。繰り返しになるが、M氏のように強引に販売店主を統率できる人物が、再販制度なき時代には、むしろうってつけだと考えたからではないだろうか。少なくともわたしはそんなふうに推測する。

福岡地裁・久留米支部で裁判が始まってからも、M氏の統率力を物語る興味ぶかい場面があった。

二〇〇五年一二月九日のことである。この日、午前一〇時半からM氏に対する証人尋問が行われた。原告の家族らの他に傍聴席を埋め尽くしたのは、黒服に身を包んだ販売店主たちだった。異様な雰囲気の中で証人尋問が進み、原告の江上武幸弁護士が、M氏の過去を問う場面もあった。思いがけないことが起こったのは、証人尋問が終了した時だった。傍聴席に詰めかけていた黒服の男達が立ち上がると、一斉に拍手をしたのである。闇社会の儀式が法廷で展開されたのである。

顔色を変えたのは、原告側ではなくて、被告側の弁護士だった。あたかも「出ていけ！」と言うように、傍聴席の黒服たちに顎で合図したのである。

闇から光へ

既に述べたように福岡地裁・久留米支部は真村氏らの地位を保全する判決を下した。わたしが把握している限り、販売店が起こした「押し紙」訴訟や地位保全の訴訟で、販売店が勝ったのは初めてだ。そのために週刊誌やインターネットのニュースが大々的に真村氏らの勝訴を報道した。

ところが販売店主たちの受け止め方は、予想外に冷静だった。確かに勝訴を大歓迎したが、事件そのものについては意外な見方をしている店主も少なくない。たとえば東京都内のある販売店主は、こんなふうに裁判の結果を評した。

「Mさんという有力店主は、運が悪かったんですよ。たまたま真村さんのようにしっかりした人がいたから訴えられたのであって、普通はみんな泣き寝入りしてしまうんです。飲酒運転の取締で運悪く捕まったようなものですよ。福岡で起こった事は、程度の差こそあれ、全国どこの地域でも起こっています。当然、Mさんのような人もどこにでもいます。ですからわたしから見れば、それほど珍しい事件ではありません。強権的なやり方であろうが、店主を束ねられるMさんのようなひとを発行本社は重宝がります。特に再販制度が危ぶまれている時代ですからね」

新聞販売店の販売会社化という大きな流れの中で、新聞業界は転換期を迎えている。組合委員長の解雇事件が起きたり、暴力団まがいの人物が販売政策の中心に座ったりするなど異常な状況の中で、販売店の販売会社化が進行している。

わたしは本書の中で、特殊指定が外れたならば、自由競争が始まって、専売店制度が崩壊すると説明してきたが、仮に新聞社の販売会社化が完了してから、特殊指定が外れたとすれば、自由競争の下でも、専売店制度はそのまま生き残るだろう。ただし販売会社化に失敗した新聞社の販売網は崩壊して、朝日新聞社か読売新聞社、あるいは有力な地方紙の販売会社に配達を委ねざるを得なくなる。さらに宅配会社が新聞配達業に参入して、「負け組」となった新聞社の新聞を配る事態もありうる。その時、「押し紙」政策が取れなくなり、著しい減益を招くだけではなくて、過去の「押し紙」や折込チラシの詐欺が表面化せざるを得ないだろう。

これに対して、販売会社化に成功した新聞社は、自らが抱えている「押し紙」や折込チラシの水増しといった問題を隠したまま、新しいステージを歩み始めるかも知れない。事実、3章で述べたように、販売会社でも「押し紙」と折込チラシの水増しは行われている。

今となっては後の祭りだが、公取委は一九八〇年代の初頭に『北田資料』が暴露された時に、

「押し紙」にメスを入れるべきだった。資料を提供した読売新聞・鶴舞直売所の北田敬一氏の次の言葉に耳を傾けて、対策に乗り出すべきだった。

「販売店主が販売店をやめるとか、やめさせられるということは、いいですか、公取さん、自分の生活を失うということ、奪われるということ、私だけじゃないですよ。私と妻とこどもたちの一家の生活が破壊されるということですよ。売れない新聞をわんさかとかかえて、それがイヤだといえば私のように結局は廃業せざるを得ないところへ追い込まれるのです。しっかりしてくださいよ。独禁法とか景表法とかいう法律があって、そこから判断すれば、本社が悪いのか、悪くないのか、はっきりするじゃないですか」（サワダオサム著『新聞幻想論』より）

販売店に直接自分で足を運んで、自分の眼で事実を確かめる姿勢があれば、鶴舞直売所に残っていた新聞が「押し紙」であると判断できたはずだ。

さらに特殊指定に対する公取委の姿勢について言及すれば、販売会社化が完了するのを待ってから特殊指定を撤廃するつもりであれば、それはまったく意味がない。かえってメディアの寡占が進むかも知れない。

公取委は特殊指定を撤廃する時期を逸したのではないかとわたしは思う。販売会社化が進んでいない段階で特殊指定を外していれば、合売店制度へ切り替わる条件が整っていたかも知れない。

合売店制度により第三者が新聞を配達するシステムができれば、編集体制さえ確立すれば誰でも出版物を発行して、それを配達できるようになる可能性がある。ちょうど宅配会社が料金され支払えば、誰の荷物でも配達するように。それこそが多様な言論活動を保証する道にほかならない。

しかし、残念ながら大新聞社による販売店の販売会社化が進行している今となっては、手遅れの感がなきにしもあらずだ。『論座』の対談で読売新聞社の渡辺恒雄会長が「読売新聞と朝日新聞は生き残らなきゃいかん」と発言したことが現実になるかも知れない。

日本の新聞ジャーナリズムにとって大切なのは、新聞社経営とは係わりをもたない第三者が新聞を配達する合売店制度であるはずだ。断じて巨大な専売会社の出現ではない。それにもかかわらず新聞関係者も政治家も既存のシステムを温存することしか考えていない。

販売店主に勝利判決――福岡高裁判決

二〇〇六年の上半期における特殊指定を守るための大キャンペーンは、新聞関係者が自らの既得権を守るための偽りの大衆運動以外のなにものでもなかった。しかも、メディアの影響力を最大限に利用して、特殊指定堅持の世論を操作したともいえる。このことは巨大メディアが国民の知る権利に寄与するものなのかという疑問をも浮上させる。

われわれは本当に一〇〇〇万部のメディアが必要なのか考えてみる必要があるのではないだろうか。大新聞社の主筆の個人的な見解が、そのまま一〇〇〇万部の新聞に反映し、日本の隅々まで配達されることが、多様な言論の普及や民主主義の成熟に貢献するのだろうか。

わたしはむしろ逆効果だとおもう。主筆が公権力や広告主と癒着すれば、偏見に満ちた考え方が世論として宣伝されてしまう危険があるからだ。多様な言論とは、規模は小さくてもさまざまなメディアが共存することではないか。われわれは巨大メディアが内包している危険性に対して鈍感になっていないだろうか。公権力にとっても、巨大メディアを政治的に利用することが念頭にあるから、特殊指定の問題で新聞業界に歩み寄ったに違いない。

二〇〇七年六月一九日、福岡高裁は真村氏らに勝訴の判決を言い渡した。地裁判決に続いて真村氏らの完全勝訴であった。読売新聞社はただちに最高裁に上告した。小さな新聞販売店が、一〇〇〇万部のメディア企業に勝ったというだけではなくて、高裁判決の内容は高い評価に値するものだった。合理化が進む中で、販売店が危機的な状況に置かれている時だけに、販売店にとっては大きな意味を持つ。

高裁判決の最大の特徴は、読売新聞社の「押し紙」政策をはっきりと認定したことである。地裁判決では、多少曖昧さがあったが。繰り返しになるが、「押し紙」をめぐる議論は、販売店と新聞社では真っ向から対立している。販売店は、「押し紙」は新聞社が強制的に買い取らせている新聞であると主張しているが、新聞社は販売店が折込チラシを水増しするために自ら好んで買い取っている新聞であると主張している。そしてこれまで裁判所が示してきた判断は、新聞社の主張を認めるものだった。

ところが福岡高裁はこれまでの見解を覆した。高裁判決の核心部分を引用してみよう。

（イ）一般に、新聞社は、新聞販売店に販売する新聞代金と新聞に掲載する広告料を主な収入としているため、その販売部数が収入の増減に直結することから、販売部数にこだわらざるを得ない。そのようなところから、拡販競争の異常さが取り沙汰され、読者の有無とは無関係に新聞販売店に押し付けられる「押し紙」なるものの存在が公然と取り上げられる有り様である（甲八五、一五二、一五八、一六四）。

販売部数にこだわるのは一審被告も例外ではなく、一審被告は極端に減紙を嫌う。一審被告は、発行部数の増加を図るために、新聞販売店に対して、増紙が実現するよう営業活動に励むことを強く求め、その一環として毎年増紙目標を定め、その達成を新聞販売店に求めている。このため、「目標達成は全ＹＣの責務である。」「増やした者にのみ栄冠があり、減紙をした者は理由の如何を問わず敗残兵である、増紙こそ正義である。」などと記した文章（甲六四）を配布し、定期的に販売会議を開いて、増紙のための努力を求めている。

米満部長ら一審被告関係者は、一審被告の新聞販売店で構成する読売会において、「読売新聞販売店には増紙という言葉はあっても、減紙という言葉はない。」とも述べている。（甲一一〇、原審証人米満）

（ウ）これに対して、新聞販売店も、一審被告から新聞を購入することで代金の支払が発生するので、予備紙を購入することは当然負担にはなるが、その新聞に折り込む広告料が別途収入となり、それは定数を基準に計算されるので、予備紙が全て販売店の負担となる訳ではない。ただ、その差は新聞販売店側に不利な計算となる。

なお、この点について、一審被告は、一部当たりの折込広告料収入と新聞紙の仕入れ価格を比較すると、平成一〇年から平成一二年までの三年間で、いずれもわずかに折込広告料が上回る（乙九三、原審証人米満）というが、注文部数に応じて付加される読売会費、店主厚生会費、休刊チラシ代金などの諸経費を加えると大幅な赤字になる（甲八二の一ないし三）というのが実態であるものというべく、これは、予備紙を持つことを嫌う新聞販売店が多いという一般的指摘（甲八五、一五二、一五八、一六四）とも合致することからして、一審被告の上記主張は採用できない。

真村氏のケースで、「押し紙」により販売店と新聞社のどちらが利益を得ているのかを見ると、判決文が認定しように新聞社である。と、言うのも「押し紙」を含む新聞の総部数に応じて販売店は、「付加される読売会費、店主厚生会費、休刊チラシ代金などの諸経費」が請求されるからだ。

今後、「押し紙」を検証する場合は、「押し紙」そのものの損失だけではなくて、それに伴う副次的な経費も計算に入れた上で、個々の販売店ごとに「押し紙」が販売店に利益をもたらしているかどうかを調べるべきだろう。「押し紙」によって利益を得ている店は、皆無ではないにしろ、ほとんど存在しないというのが実情ではないかと思う。

高裁判決の二つ目の特徴は、販売店を改廃する権限について新しい見解を示したことである。新聞の商取引を規定した契約書は、新聞社と店主個人の間で取り交わされる。そのために店主が契約を破棄されたならば、販売店もつぶれる仕組みになっている。

ところが福岡高裁は、むやみに店主を解雇すべきではないとの見解を示したのである。

ア　新聞販売店契約は、新聞の宅配という重要な役割を特定の個人に独占的に委託することから、一審被告でもそれなりに信頼できる者を人選して締結しているはずである。そして、一審原告真村は、平成二年一一月に、約一二〇〇万円の代償金を支払って、一審被告と新聞販売店契約を締結し、その後更新を続けて、平成八年八月一日には、本件新聞販売店契約を締結したことから、一審被告は、同一審原告を新聞販売店を経営する者として適任であるものと判断していたといってよい。

他方、一審原告真村としても、その後も店舗確保のために新たに建物賃貸借契約を締結し、当該建物の増改築に資金を投下したりしていること（上記一（四）イ）、また、広川店の経営のために従業員を雇用し、セールス業者に報酬を支払い、販売拡大のために景品等を提供するなど、相当多額の投資をしてきたことが認められ（甲一七、原審での一審原告真村本人）、もとより広川店での営業を生活の基盤としていることは明らかである。そうであれば、一審被告が継続的契約である一審原告真村との本件新聞販売店契約の更新をしないというためには、正当な事由、すなわち、一審原告真村が本件新聞販売店契約を締結した趣旨に著しく反し、信頼関係を破壊したことにより、同契約を継続していくことが困難と認められるような事情が存在することが必要であるものというべきである。

さらに高裁判決の三つ目の特徴は、裁判所が読売新聞社による優越的地位の濫用を認定したことである。

（略）一審被告は、本件新聞販売店契約で広川地区に専売権を持つ一審原告真村に区域の分割を求め、一旦承諾した同一審原告がそれを拒否するや、業績不審、虚偽報告などを理由に、本件新聞販売店契約の更新を拒絶したもので、その態度は、多数の販売店を擁しわが国有数の規模を持つ一審被告が、一販売店を経営するに過ぎない一審原告真村に対して文字どおり自らの供給者としての優越的地位に基づいて、自社の意向を押し通そうとしたものであり、その地位を濫用したと評されても仕方がないというべきである。

原告側の江上武幸弁護士は、高裁判決について次のように話す。

「読売の部数第一主義の営業政策の下、販売店が『押し紙』に苦しんでいる実態を充分に理解し、有力店主と販売局上層部との癒着の構造にまで言及するなど、読売の理不尽な販売店いじめに鉄槌を下したもので、きわめて高く評価される判決です。一審判決に続き販売店を勝訴させた今回の高裁判決を武器に、『押し紙』や改廃問題に苦しんでいる販売店の皆さんが、新聞社の壁を越えて、販売店の権利擁護と確立のための運動を、さらに拡大されることを望みます。」

福岡高裁の判決は今後、販売店訴訟のひとつの判例となるだろう。新聞各社が販売店の整理・統合に着手している時期だけに、新聞経営者にとって高裁判決は思わぬ障害になりそうだ。そう簡単に販売店を強制改廃できないとなれば、合理化策も頓挫しかねない。その意味では、真村氏らの勝訴は新聞史上、劇的な事件である。

「新聞はインテリが作ってヤクザが売る」という言葉がある。だれがいつの時代に言い始めたのか分からない。しかし、本来、新聞はヤクザが売るべきものではないはずだ。そんな当たり前のことを冗談として笑い飛ばし、是正してこなかったところに、真の新聞ジャーナリズムが定着していない日本の不幸があるのかも知れない。しかも、販売政策の誤りを検証もしなければ、反省もしないまま、新聞社は販売店の販売会社化によって、強固な専売店制度を維持しようとしている。

こんな時代であるからこそ、真村氏らの勝訴はひときわ大きな意味を持つのである。真実が闇の中に輪郭を隠し、不正と偽りの波が圧倒的な力で押し寄せてくる時代に、新聞社が抱える大問題に風穴を開いた功績は大きい。長かった夜の時代も広漠たる闇の中で光を探り、法廷でひたすら事実を主張し続けた真村氏ら原告と弁護団の姿勢をいくら評価しても十分とは言えないだろう。

二〇〇七年八月一一日、大きなニュースが飛び込んできた。読売新聞社が真村裁判の最高裁上告を取り下げたのだ。この瞬間、真村裁判の一五〇〇日に及ぶ日々が終わったのである。

あとがき

前著にあたる『新聞があぶない』を出版してから後、本書を出版するまでの約一年半の間に、新聞業界は立て続けにかつて経験したことがない動揺に見舞われた。まず、最初は、二〇〇六年の上半期、特殊指定を守るキャンペーンの中で、新聞業界と政界の癒着ぶりをみずから公衆の前に露呈して、新聞ジャーナリズムの信頼を失墜させてしまったことである。それが引き金となり、新聞の読者離れに拍車をかけたことは、容易に想像できる。

二つ目の動揺は、同じ年の九月、司法の場で初めて、新聞社の販売政策が断罪されたことである。念を押すまでもなく、真村裁判の勝訴である。しかも、その後、福岡高裁で争われた控訴審の判決は、地裁判決をさらに前進させて、読売新聞社に慰謝料の支払いまでを命じる画期的な内容だった。読売新聞社は最高裁に上告したが、二〇〇七年八月になってみずからそれを取り下げた。

正直なところわずか一年半の期間に、これほど新聞業界が揺れるとは夢にも思わなかった。はからずも本書は、これら激動の日々を記録することになった。

真村氏らが勝訴した背景について、わたしの近辺でも多くの人々が持論を展開した。たとえば読売新聞社と闇社会の関係が法廷で暴かれたことが、判決を出すうえで、真村氏らに有利に働いたとか、インターネットによる情報の収集と発信が裁判所の判断にも影響を及ぼしたとか。これらの解釈はそれなりに的を得ており、決して独断的なものではない。

しかし、最大の勝因は、やはり真村氏の情熱だったとわたしは思う。あるいは部数至上主義に基づいた販売政策に対する激しい怒り。これまでわたしは新聞社が関係したさまざまな裁判を取材してきたが、真村氏ほど真実を訴えることに執着した原告を知らない。それは自分のビジネスを展開するというささやかな夢を踏みにじられたからというだけではなくて、転職者の視点で新聞業界の内情を見たとき、「押し紙」政策など、そのあまりにも非常識な実態に仰天したからにほかならない。

裁判では原告と被告の双方から、膨大な書類が提出されたが、真村氏はその書類を自分の手でパソコンに入力して保管し、わたしのような取材者に公開した。おそらくデータを入力することで、裁判の展開をしっかりと頭に入れ、メディアの巨人とどう対峙するかを考えていたのではないかと思う。

実際、わたしが東京から電話取材するたびに、まるで整理棚から情報を引き出すかのように、適切な文書をメールで送ってくれた。その量は膨大になった。このような献身的な協力なくして本書は完成できなかった。真村氏には特に感謝の意を表したい。

また、真村氏の弁護活動を続けた江上武幸、馬奈木昭雄、紫藤拓也、高峰真の各弁護士には心から敬意を表したい。金銭目的で、弁護活動を展開する弁護士が増えているなか、法曹界の良心を見たような気がした。

新聞報道だけを通じて時代の流れを追っていると、世界がどのような方向へ進んでいるのか錯覚することがままある。たとえば経済格差が広がり、自殺者が増え、日本の未来には夢も希望もないような印象を受けるが、インターネットなどを通じて、別の視点から世界を眺めてみると、暴力や不正を拒否する時代が徐々に近づいてきたことにも気づくはずだ。

同時代史の中から最も典型的な例をあげれば、今世紀に入ってから起こっているラテンアメリカの激変である。この地域は前世紀は、米国のフルーツ会社をはじめとする多国籍企業の裏庭だった。米国政府と癒着した軍部が巨大な権力を振りかざしていた地域で、民衆の蜂起に備えて常に米軍が投入できる体制が確立されていた。ところが今世紀に移るころから、民族自決の流れが本流となり、今や米軍は簡単に立ち入れなくなってしまった。他国の内政に軍事力で干渉する前近代的な戦略そのものが、イデオロギーの枠を超えて否定されるようになっているのだ。民主主義が成熟してきた証にほかならない。このような急変は驚きに値するが、地球の裏側、ラテンアメリカで現実に起こっている。

歴史の認識には個人差もあり、さまざまな社会現象の評価は一筋縄にはいかない。ただ、気づかないだけで、実は日本でも水面下で変化が始まっているのかも知れない。真村裁判の高裁判決を読んだとき、わたしはふとそんなことを感じた。不必要な新聞をノルマとして買い取らし、その損失を折込チラシの水増しで補填するなど、理不尽なことが通用しなくなってきたのだ。しかも、インターネットという新しい手段で、このような実態を多くの人々に知らしめることができるようになった。

日本の新聞社が採用してきた経営方針やビジネスモデルは、良識ある人々にとっては、すでに受け入れがたいものとなっている。近い将来、新聞が歴史の中で果たした役割について検証されるならば、戦時下の新聞と同様に、現代の新聞についても、否定的な側面を強調する声が大勢を占めるであろうことは疑いがない。

『週刊新潮』と『テーミス』の両誌、それにインターネットの『オーマイニュース』は、真っ先に真村裁判を全国に報じてくれた。また、『マイニュースジャパン』の渡邉正裕編集長には、本書の原型となるルポルタージュを連載する機会を与えてもらった。もちろん真村裁判の報道にも協力してもらった。

さらに花伝社の平田勝社長には、本書の執筆に際して貴重なアドバイスをいただいた。収録したルポルタージュからタブーを完全に排除できたのは、まさに平田氏のおかげだ。本書を締めくくるにあたり、関係者の方々には改めて感謝の意を表したい。

メディア史の大きな転換期を今後も引き続き記録していきたい。

二〇〇七年九月一日　　　　黒薮哲哉

法律相談の窓口

位田　浩	〒530-0047　大阪市北区西天満4-3-4 御影ビル6階 位田浩法律事務所 06-6366-7077
江上　武幸 椛島　隆	〒830-0022　久留米市城南町22-9 法務会館ビル4階C 江上武幸法律事務所 0942-30-3275
五條　操	〒541-0043　大阪市中央区高麗橋2-4-4　公洋ビル7階 五條法律事務所 06-6203-5855
紫藤　拓也 馬奈木　昭雄 高峰　真	〒830-0032　久留米市東町1－20 大和ビル2階 久留米第一法律事務所 0942-38-8050
原田　敬三	〒102-0072　東京都千代田区飯田橋4-9-5　スギタビル 南北法律事務所 03-3511-5748
舩冨　光治 村川　昌弘	〒530-0047　大阪市北区西天満1-10-8 西天満第11松屋ビル205 舩冨法律事務所 06-6311-0259
古田　邦夫	〒870-0047　大分市中島西2-1-5 2F　大分共同法律事務所 097-534-3436
森　卓爾	〒222-0033　横浜市港北区新横浜3-16-14 三協ビル5階 北横浜法律事務所 045-477-4760
吉原　稔	〒520-0066　大津市末広町7-1　大津パークビル6階 吉原法律事務所 077-510-5262

黒薮哲哉（くろやぶ　てつや）

1958年、兵庫県生まれ。

フリージャーナリスト。

1992年、「説教ゲーム」（改題：「バイクに乗ったコロンブス」）でノンフィクション朝日ジャーナル大賞「旅・異文化」テーマ賞を受賞。1998年、「ある新聞奨学生の死」で週刊金曜日ルポルタージュ大賞「報告文学賞」を受賞。

著書に、『ぼくは負けない』（民衆社）、『バイクに乗ったコロンブス』（現代企画室）、『新聞ジャーナリズムの「正義」を問う』（リム出版新社）、『経営の暴走』（リム出版新社）、『新聞があぶない――新聞販売黒書』（花伝社）、共著に『ダイオキシン汚染報道』（リム出版新社）、『新聞社の欺瞞商法』（リム出版新社）、『鉱山の息』（金港堂）などがある。

現在、マイニュースジャパン（http://www.mynewsjapan.com）で新聞についてのルポを連載中。


『新聞販売黒書』http://www.geocities.jp/shinbunhanbai/

【新聞販売黒書 PART ②】
崩壊する新聞――新聞狂時代の終わり

2007年9月20日　初版第1刷発行

著者 ――黒薮哲哉
発行者 ―平田　勝
発行 ――花伝社
発売 ――共栄書房
〒101-0065　東京都千代田区西神田2-7-6 川合ビル
電話　03-3263-3813
FAX　03-3239-8272
E-mail　kadensha@muf.biglobe.ne.jp
URL　http://kadensha.net
振替 ――00140-6-59661
装幀 ――テラカワアキヒロ
印刷・製本 ―中央精版印刷株式会社

ISBN978-4-7634-0502-9 C0036

花伝社の本

放送を市民の手に
—これからの放送を考える—
メディア総研からの提言

メディア総合研究所　編
定価（本体 800 円＋税）

●メディアのあり方を問う！
本格的な多メディア多チャンネル時代を迎え、「放送類似サービス」が続々と登場するなかで、改めて「放送とは何か」が問われている。巨大化したメディアはどうあるべきか？ホットな問題に切り込む。
メディア総研ブックレット No.1

情報公開とマスメディア
—報道の現場から—

メディア総合研究所　編
定価（本体 800 円＋税）

●改革を迫られる情報公開時代のマスコミ
情報公開時代を迎えてマスコミはどのような対応が求められているか？　取材の対象から取材の手段へ。取材の現状と記者クラブの役割。閉鎖性横並びの打破。第一線の現場記者らによる白熱の討論と現場からの報告。
メディア総研ブックレット No. 2

テレビジャーナリズムの作法
米英のニュース基準を読む

小泉哲郎
定価 (本体 800 円 + 税)

●報道とは何か
激しい視聴率競争の中で、「ニュース」の概念が曖昧になり「ニュース」と「エンターテイメント」の垣根がなくなりつつある。格調高い米英のニュース基準をもとに、日本のテレビ報道の実情と問題点を探る。
メディア総研ブックレット No.4

いまさら聞けない デジタル放送用語事典 2004

メディア総合研究所 編
定価 (本体 800 円 + 税)

●デジタル世界をブックレットに圧縮
いよいよ 2003 年から地上波テレビのデジタル化が始まった。だが、視聴者を置き去りにしたデジタル化は混迷の度を深めるばかりだ。デジタル革命の深部で何が起こっているか？200 の用語を一挙解説。
メディア総研ブックレット No.9

放送中止事件 50 年
—テレビは何を伝えることを拒んだか—

メディア総合研究所 編
定価（本体 800 円＋税）

●闇に葬られたテレビ事件史
テレビはどのような圧力を受け何を伝えてこなかったか。テレビに携わってきた人々の証言をもとに、闇に葬られた番組の概要と放送中止に至った経過をその時代に光を当てながら検証。
メディア総研ブックレット No.10

新スポーツ放送権ビジネス最前線

メディア総合研究所　編
定価 (本体 800 円 + 税)

●空前の高騰を続けるスポーツ放送権料。
テレビマネーによるスポーツ支配。だれでもが見たいスポーツを見る権利はどうなる？
メディア総研ブックレット No.11